해커스 감정평가사

김춘환
민법 1차 핵심요약집

서문

민법(bürgerliches Recht, civil law)이란 시민 사이의 사적인 생활관계를 규율하는 법규범을 말합니다. 민법은 조문 제1118조, 부칙 제28조로 이루어진 방대한 법입니다. 이런 방대한 민법을 정리한다는 것은 상당히 어려운 일입니다.

특히 감정평가사 민법도 민법총칙(제1조 ~ 제184조), 물권법(제185조 ~ 제372조)을 시험 범위로 하고 있어, 그 또한 공부를 하기에는 상당한 범위입니다.

그래서 감정평가사 민법을 보다 쉽게 그리고 잘 정리할 수 있도록, 필요하고 필수적인 내용을 포함하여 압축한 요약집을 출간하였습니다.

본 교재의 특징은 다음과 같습니다.

1. 중요 조문, 판례 등을 중심으로 내용을 구성하였습니다.

법 공부의 요체는 무엇보다 '조문'에 있습니다. 이 조문 등이 활용되는 것이 판례이므로, 시험에서 나올 수 있는 중요 조문, 판례를 이해하고 바로 숙지할 수 있도록 하였습니다.

2. 방대한 민법을 조문에 대한 해석을 중심으로, 객관식 시험의 지문들을 충분히 반영하였습니다.

객관식 시험의 요체는 시험에 나올 수 있는 조문, 판례에 대한 확실한 이해, 숙지이기 때문입니다.

3. 2025년까지의 중요판례, 전원합의체 판례까지 최신의 판례를 반영하였습니다.

따라서 객관식 민법을 공부함에 있어, 판례 공부를 따로 하지 않아도, 정리가 가능하도록 하였습니다.

한 번에 합격!
해커스 감정평가사
합격 시스템

강사력
업계 최고수준
강사진

교재
해커스=교재
절대공식

관리시스템
해커스만의
1:1 관리

취약 부분 즉시 해결!
선생님 질문게시판

언제 어디서나 공부!
PC&모바일 수강 서비스

해커스만의
단기합격 커리큘럼

초밀착 학습관리
& 1:1 성적관리

해커스 합격생들의 생생한 후기!

작년에 타사 수강해서 떨어졌는데,
해커스의 우수한 강사진 덕분에
올해는 합격하게 되었습니다.

- 1차 합격생 한*철 -

해커스가 가장 유명하기도 하였고
수업의 퀄리티가 타학원들과 비교하여
남다르다고 생각했습니다.

- 1차 합격생 이*현 -

감사를 드릴 분들이 있습니다. 현재 법학박사(Ph.D. 민사법 전공) 과정을 수료한 중앙대학교 대학원의 지도교수님이신 이규호 교수님(법학박사, 변호사·변리사·공인노무사시험 출제·채점위원)과 학문하는 자세를 항상 일깨워 주시는 동 대학원의 김상용 교수님(법학박사, 변호사시험 출제위원)께 감사의 말씀을 전합니다.

그리고 무엇보다 사랑하는 가족들에게 무한한 고마움을 전합니다.

2025.11.
시흥동 寓居에서
김춘환

목차

해커스 감정평가사 김춘환 민법 1차 핵심요약집

감정평가사 시험 안내　　6

PART 01
민법 총칙

01	서설	10
02	권리의 주체	16
03	권리의 객체	36
04	권리의 변동	39
05	기간	59
06	소멸시효	62

PART 02
물권법

01	물권의 변동	78
02	기본물권	84
03	용익물권	102
04	담보물권	105
05	비전형담보물권	113

ca.Hackers.com

감정평가사 시험 안내

1. 응시자격
- 응시자격 제한은 없습니다.
  ※ 단, 최종 합격자 발표일 기준, 감정평가 및 감정평가사에 관한 법률 제12조상 결격사유에 해당하는 사람 또는 같은 법 제16조 제1항에 따른 처분을 받은 날부터 5년이 지나지 아니한 사람은 시험에 응시할 수 없음
- 결격사유(감정평가 및 감정평가사에 관한 법률 제12조, 2023.8.10. 시행)
  - 파산선고를 받은 사람으로서 복권되지 아니 한 사람
  - 금고 이상의 실형을 선고받고 그 집행이 종료(집행이 종료된 것으로 보는 경우를 포함한다)되거나 그 집행이 면제된 날부터 3년이 지나지 아니한 사람
  - 금고 이상의 형의 집행유예를 받고 그 유예기간이 만료된 날부터 1년이 지나지 아니한 사람
  - 금고 이상의 형의 선고유예를 받고 그 선고유예기간 중에 있는 사람
  - 제13조에 따라 감정평가사 자격이 취소된 후 3년이 지나지 아니한 사람
  ※ 단, 제39조 제1항 제11호 및 제12호에 따라 자격이 취소된 후 5년이 지나지 아니한 사람은 제외
  - 제39조 제1항 제11호 및 제12호에 따라 자격이 취소된 후 5년이 지나지 아니한 사람

2. 원서접수방법
- Q-Net 감정평가사 홈페이지(http://www.Q-Net.or.kr/site/value)를 통하여 온라인으로 접수합니다.
- 인터넷 원서 접수 시 최근 6개월 이내에 촬영한 사진을 파일로 첨부하여 인터넷 회원가입 후 원서를 접수합니다(단, 기존 Q-Net 회원일 경우는 바로 원서접수 가능).
- 응시수수료*: 40,000원(1차), 40,000원(2차)
  * 제36회 시험기준

3. 시험과목

구분	시험과목
제1차 시험 (6과목)	• 민법: 총칙, 물권에 관한 규정 • 경제학원론 • 부동산학원론 • 감정평가관계법규: 국토의 계획 및 이용에 관한 법률, 건축법, 공간정보의 구축 및 관리 등에 관한 법률 중 지적에 관한 규정, 국유재산법, 도시 및 주거환경정비법, 부동산등기법, 감정평가 및 감정평가사에 관한 법률, 부동산 가격공시에 관한 법률 및 동산·채권 등의 담보에 관한 법률 • 회계학 • 영어: 영어시험성적 제출로 대체
제2차 시험 (3과목)	• 감정평가실무 • 감정평가이론 • 감정평가 및 보상법규: 감정평가 및 감정평가사에 관한 법률, 공익사업을 위한 토지 등의 취득 및 보상에 관한 법률, 부동산 가격공시에 관한 법률

※ 정답은 시험시행일 현재 시행중인 법률, 회계처리기준 등을 적용해야 함
※ 회계학 과목의 경우 한국채택국제회계기준(K-IFRS)만 적용하여 출제
※ 기출제된 문제를 변형·활용하여 출제될 수 있음

4. 공인어학성적
- 제1차 시험 영어 과목은 영어시험성적으로 대체합니다.
- 제1차 시험 응시원서 접수 마감일부터 역산하여 5년이 되는 해의 1월 1일 이후에 실시된 시험에서 취득한 성적으로, 영어시험 시행기관에서 정한 성적의 자체 유효기간이 만료되기 전에 사전등록하여 진위가 확인된 성적에 한해 인정됩니다.
- 기준점수(감정평가 및 감정평가사에 관한 법률 시행령 별표2)

시험명	토플		토익	텝스	지텔프	플렉스	토셀	아이엘츠
	PBT	IBT						
일반응시자	530	71	700	340	65 (level-2)	625	640 (Advanced)	4.5 (Overall Band Score)
청각장애인*	352	-	350	204	43 (level-2)	375	145 (Advanced)	-

* 기타 감정평가사 국가자격시험 시행계획 공고문을 참고

5. 시험시간 및 시험방법

구분		시험과목	입실완료	시험시간	시험방법
제1차 시험	1교시	• 민법 • 경제학원론 • 부동산학원론	09:00	09:30~11:30(120분)	과목별 40문항 (객관식 5지택일)
	2교시	• 감정평가관계법규 • 회계학	11:50	12:00~13:20(80분)	
제2차 시험	1교시	감정평가실무	09:00	09:30~11:10(100분)	과목별 4문항 (주관식)
	2교시	감정평가이론	12:10	12:30~14:10(100분)	
	3교시	감정평가 및 보상법규	14:30	14:40~16:20(100분)	

※ 장애인 등 응시편의제공으로 시험시간 연장 시 수험인원과 효율적인 시험 집행을 고려하여 시행기관에서 휴식 및 중식 시간을 조정할 수 있습니다.

6. 합격자 결정방법

제1차 시험	• 영어 과목을 제외한 나머지 시험과목에서 과목당 100점을 만점으로 하여 모든 과목 40점 이상이고, 전 과목 평균 60점 이상인 사람 ※ 전년도 1차 시험 합격자 및 감정평가 및 감정평가사에 관한 법률 시행령 제14조에서 정한 기관에서 5년 이상 감정평가와 관련된 업무에 종사한 사람은 1차 시험이 면제됨(경력 산정 기준일 등은 해당연도 Q-Net 감정평가사 시험계획 공고문을 참조)
제2차 시험	• 과목당 100점을 만점으로 하여 모든 과목 40점 이상, 전 과목 평균 60점 이상을 득점한 사람 • 최소합격인원에 미달하는 경우 최소합격인원의 범위에서 모든 과목 40점 이상을 득점한 사람 중에서 전 과목 평균점수가 높은 순으로 합격자를 결정 ※ 동점자로 인하여 최소합격인원을 초과하는 경우에는 동점자 모두를 합격자로 결정하며 이 경우 동점자의 점수는 소수점 이하 둘째 자리까지만 계산하며, 반올림은 하지 아니함

해커스 감정평가사
ca.Hackers.com

PART 01
민법 총칙

01 서설
02 권리의 주체
03 권리의 객체
04 권리의 변동
05 기간
06 소멸시효

01 서설

1 민법의 법원

1. (실질적 의미의) 법률

> 제1조(법원) 민사에 관하여 **법률**에 규정이 없으면 **관습법**에 의하고 관습법이 없으면 **조리**에 의한다.
> 제185조(물권의 종류) 물권은 법률 또는 관습법에 의하는 외에는 임의로 창설하지 못한다.

① 헌법 ② 법률 ③ 명령 ④ (대법원)규칙 ⑤ 조례·규칙 ⑥ 조약, 긴급명령, 헌재 결정

2. 관습법

(1) 성립시기

관습이 법적 확신을 획득한 때로 소급한다(법적 확신설).

(2) 성문법에 대한 효력

관습법은 법원으로서 법령에 저촉되지 아니하는 한 법칙으로서의 효력이 있다고 하여 제정법에 대한 보충적 효력을 인정한다.

> **판례** 성년 남자만 종중의 구성원이 되는 기존의 관습법은 우리나라의 법질서에 맞지 않다는 이유로 관습법의 효력이 상실하였다고 판단하였다.
> ∴ 조리에 따라 성인여자도 당연히 종중의 구성원이 되어야 한다.

(3) 직권조사사항

당사자의 주장 입증을 기다림 없이 직권으로 확정하여야 하고, 법원이 이를 알 수 없는 경우 당사자가 이를 주장·증명할 필요가 있다.

(4) 사실인 관습

> 제106조(사실인 관습) 법령 중의 선량한 풍속 기타 사회질서에 관계없는 규정과 다른 관습이 있는 경우에 당사자의 의사가 명확하지 아니한 때에는 그 관습에 의한다.

① 원칙: 항변사항
② 예외: 직권조사사항(사실인 관습은 경험칙이고 경험칙은 일종의 법칙이므로, 직권으로 판단 가능).

2 민법의 기본원리 - 3대 원칙

(1) 사유재산권존중의 원칙

(2) 사적자치의 원칙

(3) 과실책임의 원칙(제390조, 제750조)

3 법률관계와 권리

1. 법률관계

판례 차량의 운행자가 아무런 대가를 받지 아니하고 동승자의 편의와 이익을 위하여 동승을 허락하고 동승자도 그 자신의 편의와 이익을 위하여 그 제공을 받은 경우 그 운행 목적, 동승자와 운행자의 인적관계, 그가 차에 동승한 경위, 특히 동승을 요구한 목적과 적극성 등 여러 사정에 비추어 가해자에게 일반 교통사고와 동일한 책임을 지우는 것이 신의칙이나 형평의 원칙으로 보아 매우 불합리하다고 인정될 때에는 그 배상액을 경감할 수 있으나, 사고 차량에 단순히 호의로 동승하였다는 사실만 가지고 바로 이를 배상액 경감사유로 삼을 수 있는 것은 아니다.

2. 권리와 의무

① 권한
② 권능
③ 권원
④ 반사적 효과: 민법상으로는 불법의 원인으로 인하여 재산을 급여한 자는 그 반환을 청구하지 못하는데, 그 결과 수익자가 급여된 재산의 소유권을 취득하게 되는 것도 반사적 효과이다.

3. 권리의 분류

(1) 내용에 의한 분류

　　① 재산권　② 인격권　③ 가족권　④ 사원권

(2) 작용에 의한 분류

　　① 지배권: 물권, 지식재산권, 친권(견해 대립)
　　② 청구권
　　　　㉠ 특정인이 다른 특정인에 대하여 일정한 행위를 요구할 수 있는 권리이다.
　　　　　　소비대차 계약에 기해 금전을 빌려준 사람이 빌린 사람에 대하여 금전의 지급을 요구 可
　　　　㉡ 권리의 객체를 직접 지배할 수 없고, 의무자에 대하여 일정한 행위를 요구할 수 있을 뿐
　　　　㉢ 기초되는 권리의 효력으로 발생

③ 형성권(形成權): 일반형성권, 형성소권(形成訴權), 채권자취소권, 재판상 이혼권, 친생부인권
④ 항변권: 연기적(= 일시적) 항변권(동시이행항변권, 보증인의 최고검색항변권), 영구적 항변권(한정승인)

(3) 그 밖의 분류
① 절대권, 상대권   ② 일신전속권, 비전속권   ③ 주된 권리, 종된 권리

(4) 권리의 충돌과 경합
1) 권리 상호 간의 순위
① 물권 상호 간
 ㉠ 언제나 제한물권이 소유권에 우선한다.
 ㉡ 동일한 종류의 물권 간에는 시간적으로 먼저 성립한 물권이 후에 성립한 물권에 우선한다.
② 물권과 채권 상호 간: 성립시기 불문하고, 항상 물권이 우선한다.
③ 채권 상호 간: 동일한 채무자에 대한 채권은 발생원인, 발생시기, 채권액을 불문하고 평등하다.

2) 권리의 경합
① 형성권의 경합
② 청구권의 경합
③ 법조 경합: 하나의 법조가 다른 법조의 적용을 배제시키므로, 실제로는 하나의 법조만 충족하는 경우를 말한다.
> **판례** 乙이 운전을 하다 甲에게 교통사고를 일으켰다면, 乙이 책임보험에 가입해 있다면 자동차손해배상보장법의 요건도 충족하고, 민법상 불법행위도 충족하지만 자동차손해배상보장법이 민법의 특별법이므로, 甲은 자동차손해배상보장법상의 권리만 행사할 수 있다.

4 신의성실의 원칙

1. 신의칙

제2조(신의성실) ① 권리의 행사와 의무의 이행은 신의에 좇아 성실히 하여야 한다.

> **판례** 변호사의 소송위임 사무처리 보수에 관하여 약정이 있는 경우 위임사무를 완료한 변호사는 원칙적으로 약정 보수액 전부를 청구할 수 있다. 약정 보수액이 부당하게 과다하여 신의성실의 원칙이나 형평의 관념에 반한다고 볼 만한 사정이 있는 경우에는 예외적으로 인정되는 범위 내의 보수액만을 청구할 수 있다.

2. 실효의 원칙

실체법상 권리 and 소송법상 권리(예 항소권)
인지청구권은 포기 × ⇨ 실효 ×, 중혼취소권은 실효 ×, 남용 ○

3. 모순행위금지의 원칙(금반언의 원칙)

(1) 긍정한 경우 - 경매사건

> **판례** 은행에게 보증금 없이 임차하고 있다고 말하고 확인서까지 써 준 임차인이 경락인인 은행에게 보증금반환을 내세워 건물의 명도를 거부하는 것은 신의칙에 위배된다.

(2) 부정한 경우 - 강행규정위반을 주장하는 경우 판

① 투자수익보장약정, 토지거래허가
② 단체협약
③ 타인의 사망을 보험사고로 하는 보험계약
④ 미성년자: 법정대리인의 동의를 얻지 않고 신용카드 가맹점과 신용구매계약을 체결한 미성년자가 사후에 법정대리인의 동의 없음을 들어 그 계약을 취소하는 것은 신의칙에 반하지 않는다.
⑤ 영업양도와 강행법규 위반: 강행법규를 위반한 자가 스스로 그 약정의 무효를 주장하는 것이 신의칙에 위배된다고 할 수 없다.

4. 사정변경의 원칙

(1) 해제권

계약대로의 구속력을 인정한다면 신의칙에 현저히 반하는 결과가 생기는 경우 예외로 인정
⇨ '사정': 계약의 기초가 되었던 객관적인 사정
  ※ 일방당사자의 주관적 또는 개인적인 사정 ×

> **판례** 사정이 변경되어 일방당사자가 계약 당시 의도한 계약목적을 달성할 수 없게 됨으로써 손해를 입게 되었다 하더라도 특별한 사정이 없는 한 그 계약내용의 효력을 유지하는 것이 신의칙에 반한다고 볼 수 없다.

(2) 해지권 - 可

(예외) 회사의 이사가 채무액과 변제기가 특정되어 있는 회사 채무에 대하여 보증계약을 체결한 경우
⇨ 보증인인 이사가 일방적으로 보증계약 해지 不可

5. 권리남용금지원칙

> 제2조(신의성실) ② 권리는 남용하지 못한다.

(1) 주관적 요건
   ① 원칙: 객관적 요건 외에 주관적 요건 갖출 것 要
         but, 주관적 요건은 객관적인 사정에 의하여 추인 可
   ② 예외: 주관적 요건 不要
     판례 ㉠ 상계권 ㉡ 상표권

(2) 판례
   ① 권리남용에 해당하지 않는 경우
      ㉠ <u>송전선</u>
      ㉡ 송전탑
      ㉢ 집합건물
   ② 권리남용에 해당하는 경우
      ㉠ 한국전력공사가 정당한 권원에 의하여 토지를 수용하고 그 지상에 변전소를 건설하였으나 토지소유자에게 그 수용에 따른 부적법한 공토이 되어 토지에 대한 점유권원을 상실하게 된 경우: 토지소유자가 그 변전소의 철거와 토지인도 청구하는 것은 권리남용에 해당한다.
      ㉡ 인륜에 반하는 행위: 외국에 가 있는 딸이 고령과 지병으로 거처가 없는 아버지와 남동생을 상대로 자기 소유 주택의 명도 및 퇴거를 청구하는 행위
      ㉢ 유치권 주장: 공매절차에서 유치권 사실을 알고 부동산을 매수한 자가 유치권자를 상대로 적극적으로 유치권부존재확인을 구하는 것
      ㉣ 국가의 소멸시효완성 주장
      ㉤ 착오송금 된 경우 은행의 상계 주장: 수취은행은 원칙적으로 수취인의 계좌에 입금된 금원의 원인을 조사할 의무가 없다.
        ※ 송금의뢰인이 수취은행에 송금액 반환을 요청하고 수취인도 인정하고 수취은행에 그 반환을 승낙하고 있는 경우: 수취은행이 수취인에 대한 대출채권 등을 자동채권으로 하여 수취인의 계좌에 착오로 입금된 예금채권과 상계하는 것은 상계권의 권리 남용

6. 법인격부인의 법리 판

(1) 소송법적 측면
구 회사에 대한 승소확정판결의 효력이 새로 설립된 신 회사에 미치지 않는다.

(2) 실체법적 측면
① 적용요건
　　㉠ 외형적으로 법인의 형식을 갖추고 있으나 법인의 형태를 빌리고 있는 경우
　　㉡ 실질적으로 타인의 개인기업에 불과한 경우
② 기존회사가 채무를 면탈할 목적으로 형태, 내용이 실질적으로 동일한 신설회사를 설립한 경우: 기존회사의 채권자는 두 회사 어느 쪽에 대하여서도 채무 이행 청구 가능

(3) 법인격부인론의 역적용
회사와 개인이 별개의 인격체임을 내세워 회사 설립 전 개인의 채무 부담행위에 대한 회사의 책임을 부인하는 것이 심히 정의와 형평에 반한다고 인정되는 때에는 회사에 대하여 회사 설립 전에 개인이 부담한 채무의 이행을 청구하는 것도 가능하다고 보아야 한다. (그리고) 위와 같이 개인의 채무 부담행위에 대한 회사의 책임을 부인하는 것이 심히 정의와 형평에 반한다고 인정되어 회사에 대하여 개인이 부담한 채무의 이행을 청구하는 법리는 채무면탈을 목적으로 회사가 새로 설립된 경우뿐 아니라 같은 목적으로 기존 회사의 법인격이 이용되는 경우에도 적용된다(대판 2023.2.2. 2022다276703).

02 권리의 주체

1 자연인의 권리능력(제3조)

1. 권리능력의 시기

(1) 태아의 권리능력(민법 규정)

① 불법행위
- ㉠ 불법행위에 기한 손해배상청구권(제762조)
- ㉡ 직계존속의 생명침해에 대한 위자료청구권(제752조)
- ㉢ 모체에 위법한 행위로 인하여 태아 자신이 입은 불법행위에 대한 손해배상청구권

> 제762조(손해배상청구권에 있어서의 태아의 지위) 태아는 손해배상의 청구권에 관하여는 이미 출생한 것으로 본다.

② 상속: 상속순위, 대습상속
③ 유증, 유류분권
④ 인지(제858조): 부모가 태아를 인지할 수 있으나, 태아가 父에 대해서 인지청구 불가
⑤ 상해보험: 계약 체결할 때 개별 약정으로 태아를 상해보험의 피보험자로 할 수 있다.

(2) "이미 출생한 것으로 본다." - 정지조건설(인격소급설)

태아가 살아서 출생한 경우 그의 **권리능력취득의 효과가 문제의 사건발생시기까지 소급**한다는 것으로서, 태아에 권리능력이 없으므로 법정대리인을 둘 수 없고 상속재산의 보존·관리가 불가능한 단점이 있으나, 태아사산 시 타인에게 불측의 손해가 없다는 것이 장점이다. 정지조건설에 의하면 사인증여에 있어서의 수증능력, 생전증여계약상의 수증능력은 부정된다. 판례는 "민법 제762조의 취지는 태아가 살아서 출생한 때에 출생시기가 문제의 사건의 시기까지 소급하여 그때에 태아가 출생한 것과 같이 법률상 보아준다고 해석함이 상당하므로 그가 모체와 같이 사망하여 출생의 기회를 못 가졌다면 손해배상청구권을 논할 여지가 없다(대판 1976.9.14. 76다1365)."고 하여 정지조건설을 따른다.

> **참고판례** 대판 2023.3.23. 2020그42 전합
> 상속에 관한 입법례와 민법의 입법 연혁, 민법 조문의 문언 및 체계적·논리적 해석, 채무상속에서 상속포기자의 의사, 실무상 문제 등을 종합하여 보면, 피상속인의 배우자와 자녀 중 자녀 전부가 상속을 포기한 경우에는 배우자가 단독상속인이 된다고 봄이 타당하다.

2. 권리능력의 종기

① 사망의 시기: 심장이 영구적으로 정지한 때
② 동시사망의 추정

> 제30조(동시사망) 2인 이상이 동일한 위난으로 사망한 경우에는 동시에 사망한 것으로 추정한다.

㉠ 상속: 동시사망자 간에는 상속의 문제 발생 ×, 대습상속은 가능(괌 비행기 사건)
㉡ 법률상 추정이므로 전제사실에 대하여 반증을 제출하거나 또는 추정사실에 대한 본증 제출 要

> **구하라법 신설**
> 제1004조의2(상속권 상실 선고) ① 피상속인은 상속인이 될 사람이 피상속인의 직계존속으로서 다음 각 호의 어느 하나에 해당하는 경우에는 제1068조에 따른 공정증서에 의한 유언으로 상속권 상실의 의사를 표시할 수 있다. 이 경우 유언집행자는 가정법원에 그 사람의 상속권 상실을 청구하여야 한다.
> 1. 피상속인에 대한 부양의무(미성년자에 대한 부양의무로 한정한다)를 중대하게 위반한 경우
> 2. 피상속인 또는 그 배우자나 피상속인의 직계비속에게 중대한 범죄행위(제1004조의 경우는 제외한다)를 하거나 그 밖에 심히 부당한 대우를 한 경우
> ② 제1항의 유언에 따라 상속권 상실의 대상이 될 사람은 유언집행자가 되지 못한다.
> ③ 제1항에 따른 유언이 없었던 경우 공동상속인은 피상속인의 직계존속으로서 다음 각 호의 사유가 있는 사람이 상속인이 되었음을 안 날부터 6개월 이내에 가정법원에 그 사람의 상속권 상실을 청구할 수 있다.
> 1. 피상속인에 대한 부양의무(미성년자에 대한 부양의무로 한정한다)를 중대하게 위반한 경우
> 2. 피상속인에게 중대한 범죄행위(제1004조의 경우는 제외한다)를 하거나 그 밖에 심히 부당한 대우를 한 경우

> 제1112조(유류분의 권리자와 유류분) 상속인의 유류분은 다음 각호에 의한다.
> 1. 피상속인의 직계비속은 그 법정상속분의 2분의 1
> 2. 피상속인의 배우자는 그 법정상속분의 2분의 1
> 3. 피상속인의 직계존속은 그 법정상속분의 3분의 1
> 4. 피상속인의 형제자매는 그 법정상속분의 3분의 1[단순위헌, 2020헌가4, 2024.4.25., 민법(1977.12.31. 법률 제3051호로 개정된 것) 제1112조 제4호는 헌법에 위반된다.]
> [헌법불합치, 2020헌가4, 2024.4.25, 민법(1977.12.31. 법률 제3051호로 개정된 것) 제1112조 제1호부터 제3호 및 제1118조는 모두 헌법에 합치되지 아니한다. 위 조항들은 2025.12.31.을 시한으로 입법자가 개정할 때까지 계속 적용된다.]

2 자연인의 행위능력

1. 행위능력(제4조, 19세)

(1) 의사무능력과 제한능력의 경합

예) 미성년자가 행위 당시 심신상실 상태, 피성년후견인이 행위 당시 만취상태

① 무효와 취소의 이중효의 인정: 선택적 주장 可
② 반환범위: 제141조 단서가 유추 적용 ⇨ 선의·악의를 묻지 아니하고 현존 이익에 한정

2. 미성년자

> 제5조(미성년자의 능력) ① 미성년자가 법률행위를 함에는 법정대리인의 동의를 얻어야 한다. 그러나 권리만을 얻거나 의무만을 면하는 행위는 그러하지 아니하다.
> ② 전항의 규정에 위반한 행위는 취소할 수 있다.

(1) 미성년자의 행위능력

① 미성년자 행위에 대한 동의: 상대방이 법정대리인 동의가 있었다는 사실에 관하여 증명책임 有
② 신의칙: 제5조 반하여 이루어진 신용구매계약을 미성년자가 후에 법정대리인의 동의 없음을 사유를 들어 스스로 취소하는 것은 신의칙에 위배된다고 할 수 없다.
③ 예외(제5조 제1항 단서)

미성년자가 단독으로 할 수 있는 예	단독으로 할 수 없는 예
㉠ 부담 없는 증여의 승낙 및 유증의 수락	㉠ 부담부 증여를 받는 행위
㉡ 저당권이 설정된 부동산을 증여받는 행위	㉡ 상속의 승인과 포기
㉢ 채무면제에 대한 승낙	㉢ 채무의 변제를 받는 행위
㉣ 의무만을 지는 계약의 해약	㉣ 타인의 채무를 보증하는 행위
㉤ 친권자에 대한 부양청구권의 행사	㉤ 상계
㉥ 담보물권의 설정 또는 보증의 취득	㉥ 쌍무계약의 체결
㉦ 제3자를 위한 계약에서 부담 없는 수익의 의사표시	
㉧ 이미 증여받은 부동산에 대한 이전등기신청	

(2) 기타 문제

① 성년의제(제824조의2): 미성년자가 혼인을 한 때에는 성년자로 본다.
② 유언행위(제1061조): 만 17세에 달하지 못한 자는 유언을 하지 못한다.
③ 무한책임사원이 되는 것과 그에 기하여 하는 행위(상법 제7조)
④ 근로계약과 임금청구
⑤ 취소청구(제140조)

(3) 처분을 허락한 재산

> 제6조(처분을 허락한 재산) 법정대리인이 범위를 정하여 처분을 허락한 재산은 미성년자가 임의로 처분할 수 있다.
>
> 제7조(동의와 허락의 취소) 법정대리인은 미성년자가 아직 법률행위를 하기 전에는 전2조의 동의와 허락을 취소할 수 있다.

판례
1. 묵시적 처분 허락: 미성년자가 월 소득범위 내에서 신용구매계약을 체결한 것은, 스스로 얻고 있던 소득에 대하여는 법정대리인의 묵시적 처분 허락이 있었다고 보아 위 신용구매계약은 처분 허락을 받은 재산 범위 내의 처분행위에 해당
2. 허락의 판단기준: 미성년자의 연령·지능·직업·경력·법정대리인과의 동거 여부, 독자적인 소득 유무, 경제활동의 여부 등 종합적으로 고려하여야 할 것

(4) 영업의 허락

> 제8조(영업의 허락) ① 미성년자가 법정대리인으로부터 허락을 얻은 특정한 영업에 관하여는 성년자와 동일한 행위능력이 있다.
> ② 법정대리인은 전항의 허락을 취소 또는 제한할 수 있다. 그러나 선의의 제3자에게 대항하지 못한다.

3. 제한능력자(피성년후견인, 피한정후견인)

(1) 피성년후견인

> 제9조(성년후견개시의 심판) ① 가정법원은 질병, 장애, 노령, 그 밖의 사유로 인한 정신적 제약으로 사무를 처리할 능력이 지속적으로 결여된 사람에 대하여 본인, 배우자, 4촌 이내의 친족, 미성년후견인, 미성년후견감독인, 한정후견인, 한정후견감독인, 특정후견인, 특정후견감독인, 검사 또는 지방자치단체의 장의 청구에 의하여 성년후견개시의 심판을 한다.
> ② 가정법원은 성년후견개시의 심판을 할 때 본인의 의사를 고려하여야 한다.
>
> 제10조(피성년후견인의 행위와 취소) ① 피성년후견인의 법률행위는 취소할 수 있다.
> ② 제1항에도 불구하고 가정법원은 취소할 수 없는 피성년후견인의 법률행위의 범위를 정할 수 있다.
> ③ 가정법원은 본인, 배우자, 4촌 이내의 친족, 성년후견인, 성년후견감독인, 검사 또는 지방자치단체의 장의 청구에 의하여 제2항의 범위를 변경할 수 있다.
> ④ 제1항에도 불구하고 일용품의 구입 등 일상생활에 필요하고 그 대가가 과도하지 아니한 법률행위는 성년후견인이 취소할 수 없다.
>
> 제11조(성년후견종료의 심판) 성년후견개시의 원인이 소멸된 경우에는 가정법원은 본인, 배우자, 4촌 이내의 친족, 성년후견인, 성년후견감독인, 검사 또는 지방자치단체의 장의 청구에 의하여 성년후견종료의 심판을 한다.

(2) 피한정후견인(제12조 ~ 제14조)

> **제12조(한정후견개시의 심판)** ① 가정법원은 질병, 장애, 노령, 그 밖의 사유로 인한 <u>정신적 제약으로 사무를 처리할 능력이 부족한 사람</u>에 대하여 본인, 배우자, 4촌 이내의 친족, 미성년후견인, 미성년후견감독인, 성년후견인, 성년후견감독인, 특정후견인, 특정후견감독인, 검사 또는 지방자치단체의 장의 청구에 의하여 한정후견개시의 심판을 한다.
> ② 한정후견개시의 경우에 제9조 제2항을 준용한다.
>
> **제13조(피한정후견인의 행위와 동의)** ① 가정법원은 피한정후견인이 한정후견인의 동의를 받아야 하는 행위의 범위를 정할 수 있다.
> ② 가정법원은 본인, 배우자, 4촌 이내의 친족, 한정후견인, 한정후견감독인, 검사 또는 지방자치단체의 장의 청구에 의하여 제1항에 따른 한정후견인의 동의를 받아야만 할 수 있는 행위의 범위를 변경할 수 있다.
> ③ 한정후견인의 동의를 필요로 하는 행위에 대하여 한정후견인이 피한정후견인의 이익이 침해될 염려가 있음에도 그 동의를 하지 아니하는 때에는 가정법원은 피한정후견인의 청구에 의하여 한정후견인의 동의를 갈음하는 허가를 할 수 있다.
> ④ 한정후견인의 동의가 필요한 법률행위를 피한정후견인이 한정후견인의 동의 없이 하였을 때에는 그 법률행위를 취소할 수 있다. 다만, 일용품의 구입 등 일상생활에 필요하고 그 대가가 과도하지 아니한 법률행위에 대하여는 그러하지 아니하다.
>
> **제14조(한정후견종료의 심판)** 한정후견개시의 원인이 소멸된 경우에는 가정법원은 본인, 배우자, 4촌 이내의 친족, 한정후견인, 한정후견감독인, 검사 또는 지방자치단체의 장의 청구에 의하여 한정후견종료의 심판을 한다.

(3) 피특정후견인 - 행위 취소 ×

> **제14조의2(특정후견의 심판)** ① 가정법원은 질병, 장애, 노령, 그 밖의 사유로 인한 정신적 제약으로 일시적 후원 또는 특정한 사무에 관한 후원이 필요한 사람에 대하여 본인, 배우자, 4촌 이내의 친족, 미성년후견인, 미성년후견감독인, 검사 또는 지방자치단체의 장의 청구에 의하여 특정후견의 심판을 한다.
> ② 특정후견은 본인의 의사에 반하여 할 수 없다.
> ③ 특정후견의 심판을 하는 경우에는 특정후견의 기간 또는 사무의 범위를 정하여야 함
>
> **제14조의3(심판 사이의 관계)** ① 가정법원이 피한정후견인 또는 피특정후견인에 대하여 성년후견개시의 심판을 할 때에는 종전의 한정후견 또는 특정후견의 종료 심판을 한다.
> ② 가정법원이 피성년후견인 또는 피특정후견인에 대하여 한정후견개시의 심판을 할 때에는 종전의 성년후견 또는 특정후견의 종료 심판을 한다.

4. 제한능력자의 상대방보호

(1) 촉구권

> 제15조(제한능력자의 상대방의 확답을 촉구할 권리) ① 제한능력자의 상대방은 제한능력자가 능력자가 된 후에 그에게 1개월 이상의 기간을 정하여 그 취소할 수 있는 행위를 추인할 것인지 여부의 확답을 촉구할 수 있다. 능력자로 된 사람이 그 기간 내에 확답을 발송하지 아니하면 그 행위를 추인한 것으로 본다.
> ② 제한능력자가 아직 능력자가 되지 못한 경우에는 그의 법정대리인에게 제1항의 촉구를 할 수 있고, 법정대리인이 그 정하여진 기간 내에 확답을 발송하지 아니한 경우에는 그 행위를 추인한 것으로 본다.
> ③ 특별한 절차가 필요한 행위[1]는 그 정하여진 기간 내에 그 절차를 밟은 확답을 발송하지 아니 하면 취소한 것으로 본다.

(2) 무권대리인 상대방의 최고권

> 제131조(상대방의 최고권) 대리권 없는 자가 타인의 대리인으로 계약을 한 경우에 상대방은 상당한 기간을 정하여 본인에게 그 추인 여부의 확답을 최고 할 수 있다. 본인이 그 기간 내에 확답을 발하지 아니한 때에는 추인을 거절한 것으로 본다.

(3) 철회권과 거절권

> 제16조(제한능력자의 상대방의 철회권과 거절권) ① 제한능력자가 맺은 계약은 추인이 있을 때까지 상대방이 그 의사표시를 철회할 수 있다. 다만, 상대방이 계약 당시에 제한능력자임을 알았을 경우에는 그러하지 아니하다.
> ② 제한능력자의 단독행위는 추인이 있을 때까지 상대방이 거절할 수 있다.
> ③ 제1항의 철회나 제2항의 거절의 의사표시는 제한능력자에게도 할 수 있다.

(4) 속임수(사술)

> 제17조(제한능력자의 속임수) ① 제한능력자가 속임수로써 자기를 능력자로 믿게 한 경우에는 그 행위를 취소할 수 없다.
> ② 미성년자나 피한정후견인이 속임수로써 법정대리인의 동의가 있는 것으로 믿게 한 경우에도 제1항과 같다.

적극적인 사술로서, 소극적 사술은 해당되지 않는다. "사술을 쓴 때라 함은 무능력자가 상대방으로 하여금 그 능력자임을 믿게 하기 위하여 적극적으로 사기수단을 쓴 것을 말하고 **단순히 자기가 능력자라 칭한 것만으로 사술을 쓴 것이라 할 수 없다**(대판 1971.12.24. 71다2045)."

---

[1] 제950조(후견감독인의 동의를 필요로 하는 행위) ① 후견인이 피후견인을 대리하여 다음 각 호의 어느 하나에 해당하는 행위를 하거나 미성년자의 다음 각 호의 어느 하나에 해당하는 행위에 동의를 할 때는 후견감독인이 있으면 그의 동의를 받아야 한다. 1. 영업에 관한 행위 2. 금전을 빌리는 행위 3. 의무만을 부담하는 행위 4. 부동산 또는 중요한 재산에 관한 권리의 득실변경을 목적으로 하는 행위 5. 소송행위 6. 상속의 승인, 한정승인 또는 포기 및 상속재산의 분할에 관한 협의

구분	촉구권(제15조)	철회권(제16조 제1항)	거절권(제16조 제2항)
성질	준법률행위	법률행위	준법률행위
상대방	법정대리인 및 능력자로 된 자	법정대리인 및 제한능력자 본인	
상대방의 선의	不要	要	不要
방법	능력자로 된 후 1개월 이상 유예기간	본인의 추인이 있기 전	
효과	유예기간 내 확답여부에 따라 효과 발생	계약의 소급적 소멸	상대방 있는 단독행위의 소급적 소멸

3 주소

1. 의의

주소라 함은 사람이 일정한 장소와 밀접한 관련을 가지고 법률관계를 형성·유지하기 위한 사람의 생활관계의 중심지를 말한다. 즉, 주소란 생활의 근거되는 곳이다(제18조 제1항).

2. 주소의 결정

> 제18조(주소) ① 생활의 근거되는 곳을 주소로 한다. ⇨ 실질주의
> ② 주소는 동시에 두 곳 이상 있을 수 있다. ⇨ 복수주의

(1) 형식주의와 실질주의

(2) 객관주의와 의사주의

주소의 설정 또는 변경과 관련하여 정주의 사실만 있으면 된다는 객관주의와 정주의 사실 외에 정주의 의사도 필요하다는 의사주의가 있다. 민법은 명문의 규정은 없으나, 제한능력자를 위한 법정주소를 규정하고 있지 않고, 실질주의를 취하고 있는 점을 고려하면 민법은 객관주의를 전제하고 있다.

(3) 단일주의와 복수주의

3. 주소의 효과

부재 및 실종의 표준(제22조, 제27조), 변제의 장소(제467조), 상속개시지(제998조), 어음행위의 장소(어음법 제2조 제2항, 수표법 제8조), 재판관할의 표준(민사소송법 제2조), 민사소송법상의 부가기간(민사소송법 제172조), 국제사법상 준거법 결정표준(국제사법 제2조, 제7조, 제11조, 제14조), 귀화 및 국적회복의 요건(국적법 제5조 ~ 제7조, 제14조)이 된다.

4. 거소, 현재지, 가주소

> 제19조(거소) 주소를 알 수 없으면 거소를 주소로 본다.
> 제20조(거소) 국내에 주소 없는 자에 대하여는 국내에 있는 거소를 주소로 본다.
> 제21조(가주소) 어느 행위에 있어서 가주소를 정한 때에는 그 행위에 관하여는 이를 주소로 본다.

(1) 거소
(2) 현재지
(3) 가주소

어떤 특별한 법률관계에 관하여 법률상 주소에 갈음하는 것으로서, 가주소는 민법에 규정이 되어 있으므로 민법상 주소개념이다. 가주소란 당사자가 어떤 거래관계에서 일정한 장소를 정하여 그 거래관계에 관하여 주소로서의 법적 기능을 부여한 장소를 말하므로, 생활의 근거가 될 필요는 없다. 즉 가주소는 당사자의 의사에 의하여 설정되고, 따라서 제한능력자는 독자적으로 가주소를 설정할 수 없으며, 당해 거래관계에 관하여 주소로서의 효과를 가진다.

(4) 주민등록지

주민등록법상 주민등록이 등재되어 있는 장소로서 30일 이상 거주할 목적으로 일정한 장소에 주거 또는 거소를 갖는 자가 등록한다. 주민등록은 주택임차권을 공시하는 기능을 한다.

4 부재와 실종

1. 부재자의 재산관리

(1) 부재자 재산관리

> 제22조(부재자의 재산의 관리) ① 종래의 주소나 거소를 떠난 자가 재산관리인을 정하지 아니한 때에는 법원은 이해관계인이나 검사의 청구에 의하여 재산관리에 관하여 필요한 처분을 명하여야 한다. 본인의 부재 중 재산관리인의 소멸한 때에도 같다.
> ② 본인이 그 후에 재산관리인을 정한 때에는 법원은 본인, 재산관리인, 이해관계인 또는 검사의 청구에 의하여 전항의 명령을 취소하여야 한다.

1) 부재자 자신이 관리인을 둔 경우
  ① 원칙: 부재자의 수임인, 위임에 관한 규정에 의하여 규율
  ② 예외

> 제23조(관리인의 개임) 부재자가 재산관리인을 정한 경우에 부재자의 생사가 분명하지 아니한 때에는 법원은 재산관리인, 이해관계인 또는 검사의 청구에 의하여 재산관리인을 개임할 수 있다.

2) 부재자 자신이 관리인을 두지 않은 경우
   ① 불간섭의 원칙
   ② 법원은 이해관계인이나 검사의 청구에 의하여 재산관리에 관하여 필요한 처분을 명해야 한다.
   ③ 재산관리인: 이 경우는 법정대리인이다.
      ㉠ 직무

> **제24조(관리인의 직무)** ① 법원이 선임한 재산관리인은 관리할 재산목록을 작성하여야 한다.
> ② 법원은 그 선임한 재산관리인에 대하여 부재자의 재산을 보존하기 위하여 필요한 처분을 명할 수 있다.
> ③ 부재자의 생사가 분명하지 아니한 경우에 이해관계인이나 검사의 청구가 있는 때에는 법원은 부재자가 정한 재산관리인에게 전2항의 처분을 명할 수 있다.
> ④ 전3항의 경우에 그 비용은 부재자의 재산으로써 지급한다.

      ㉡ 담보 제공 및 보수

> **제26조(관리인의 담보제공, 보수)** ① 법원은 그 선임한 재산관리인으로 하여금 재산의 관리 및 반환에 관하여 상당한 담보를 제공하게 할 수 있다.
> ② 법원은 그 선임한 재산관리인에 대하여 부재자의 재산으로 상당한 보수를 지급할 수 있다.
> ③ 전2항의 규정은 부재자의 생사가 분명하지 아니한 경우에 부재자가 정한 재산관리인에 준용한다.

(2) 가정법원의 허가

> **제25조(관리인의 권한)** 법원이 선임한 재산관리인이 제118조에 규정한 권한을 넘는 행위를 함에는 법원의 허가를 얻어야 한다. 부재자의 생사가 분명하지 아니한 경우에 부재자가 정한 재산관리인이 권한을 넘는 행위를 할 때에도 같다.
> **제118조(대리권의 범위)** 권한을 정하지 아니한 대리인은 다음 각 호의 행위만을 할 수 있다.
> 1. 보존행위
> 2. 대리의 목적인 물건이나 권리의 성질을 변하지 아니하는 범위에서 그 이용 또는 개량하는 행위

1) 허가의 방법
   장래의 처분행위 뿐 아니라 기왕의 처분행위 추인 可
   판례 관리인이 허가 없이 부재자 소유 부동산을 매각한 경우라도 사후에 법원의 허가를 얻어 이전등기절차를 경료하게 하였다면 추인에 의하여 유효한 처분행위로 된다.

2) 허가를 요하지 않는 경우
   부재자의 재산에 대한 임대료 청구 또는 불법행위로 인한 손해배상청구
   판례 화해, 부동산 소유권 이전등기말소등기절차 이행청구나 인도청구

3) 허가의 취소

허가를 얻어 권한초과행위를 한 후에는 결정이 취소되더라도 소급효가 없으며, 취소 전의 처분행위는 유효하다.

> **판례** 법원에 의하여 부재자재산관리인으로 선임된 자는 부재자의 사망이 확인된 후라 할지라도 선임결정이 취소되지 않는 한 권한이 소멸되지 않고 선임결정이 취소되기 전에 이루어진 행위는 부재자에 대한 실종선고기간이 만료된 뒤에 이루어졌다 하더라도 유효하다.

4) 권한초과행위

법원의 허가가 있더라도 그 처분은 부재자의 이익을 위한 것에 한정되고, 부재자의 이익을 위한 정당한 관리행위가 아닌 때에는 본인에 대하여 효력이 없다.

2. 실종선고

(1) 요건

1) 실질적 요건

① 생사불명

> **판례** 가족관계등록부상 이미 사망한 것으로 기재되어 있는 자에게는 실종선고 不可

② 실종기간의 경과

> 제27조(실종의 선고) ① 부재자의 생사가 5년간 분명하지 아니한 때에는 법원은 이해관계인이나 검사의 청구에 의하여 실종선고를 하여야 한다.
> ② 전지에 임한 자, 침몰한 선박 중에 있던 자, 추락한 항공기 중에 있던 자 기타 사망의 원인이 될 위난을 당한 자의 생사가 전쟁 종지 후 또는 선박의 침몰, 항공기의 추락 기타 위난이 종료한 후 1년간 분명하지 아니한 때에도 제1항과 같다.

> **판례** 잠수장비를 착용한 채 행방불명되었다 하더라도 사망의 원인이 될 위난이라고 할 수 없다.

2) 절차적 요건

① 이해관계인 또는 검사의 청구

> **판례** 부재자의 자매로서 제3순위 상속인에 불과한 자는 부재자 실종선고를 청구할 이해관계인이 될 수 없다.

② 공시최고: 청구를 받은 가정법원은 6월 이상 공고 要, 공시최고 기간이 지나도 신고가 없으면 가정법원은 반드시 실종선고를 하여야 한다.

※ 실종선고 취소하는 경우: 공시최고 不要

(2) 실종선고의 효과

> 제28조(실종선고의 효과) 실종선고를 받은 자는 전조의 기간이 만료한 때에 사망한 것으로 본다.

1) 사망간주의 해석(제28조)
실종선고를 받은 자는 전조의 기간이 만료한 때에 사망한 것으로 본다.
① 이미 실종선고가 있었는데도 다른 사람의 청구에 의하여 다시 실종선고가 있었다면, 앞의 실종 선고에 의하여 실종자의 법률관계가 정리되어야 한다.
② 실종의 효과는 원칙적으로 선거권 등 공법상의 법률관계에는 영향을 미치지 않는다.

2) 판례
실종자를 당사자로 한 판결이 확정된 후에 실종선고가 확정되어 사망간주의 시점이 소제기 전으로 소급하는 경우에도 판결 자체가 소급하여 당사자능력이 없는 사망한 사람을 상대로 한 판결로서 무효가 된다고 볼 수 없다.

(3) 실종선고의 취소

> 제29조(실종선고의 취소) ① 실종자의 생존한 사실 또는 전조의 규정과 상이한 때에 사망한 사실의 증명이 있으면 법원은 본인, 이해관계인 또는 검사의 청구에 의하여 실종선고를 취소하여야 한다. 그러나 실종선고 후 그 취소 전에 선의로 한 행위의 효력에 영향을 미치지 아니한다.
> ② 실종선고의 취소가 있을 때에 실종의 선고를 직접원인으로 하여 재산을 취득한 자가 선의인 경우에는 그 받은 이익이 현존하는 한도에서 반환할 의무가 있고 악의인 경우에는 그 받은 이익에 이자를 붙여서 반환하고 손해가 있으면 이를 배상하여야 한다.

1) 원칙 – 소급효

2) 예외 – 소급효의 제한
① 선의의 의미
 ㉠ 재산법상 행위: 쌍방선의설, 일방선의설, 전득자선의설
 ㉡ 가족법상 행위: 쌍방선의설(통설), 어느 한쪽이 악의일 때는 전혼은 부활하나 이혼사유, 후혼은 중혼으로 취소
② 제29조 제2항
 ㉠ 실종선고를 직접원인으로 재산을 취득한 자
  예 상속인, 수유자, 생명보험수익자, 사인증여의 수증자 ※ 전득자는 포함 ×
 ㉡ 반환범위: 성질상 부당이득반환의무이며 수익자의 반환범위와 같다.

5 법인의 설립·능력

1. 비영리사단의 설립

> 제32조(비영리법인의 설립과 허가) 학술, 종교, 자선, 기예, 사교 기타 영리 아닌 사업을 목적으로 하는 사단 또는 재단은 주무관청의 허가를 얻어 이를 법인으로 할 수 있다.
> 제33조(법인설립의 등기) 법인은 그 주된 사무소의 소재지에서 설립등기를 함으로써 성립한다.

2. 법인의 권리능력(제34조)

정관으로 정한 목적의 범위 내에서 권리와 의무의 주체가 된다.

- **판례** 정관으로 정한 목적 범위
    1. 채무에 대하여 학교건물을 대물변제로 제공하는 행위는 목적 범위 내에 속한다.
    2. 조합원 아닌 자에 대한 보증: 대표이사가 회사를 대표하여 사업의 목적범위에 속하지 않는 타인의 손해배상채무를 연대보증 한 경우, 회사에 대하여 효력이 없다.

3. 법인의 불법행위능력

> 제35조(법인의 불법행위능력) ① 법인은 이사 기타 대표자가 그 직무에 관하여 타인에게 가한 손해를 배상할 책임이 있다. 이사 기타 대표자는 이로 인하여 자기의 손해배상책임을 면하지 못한다.
> ② 법인의 목적범위 외의 행위로 인하여 타인에게 손해를 가한 때에는 그 사항의 의결에 찬성하거나 그 의결을 집행한 사원, 이사 및 기타 대표자가 연대하여 배상하여야 한다.

> 제756조(사용자의 배상책임) ① 타인을 사용하여 어느 사무에 종사하게 한 자는 피용자가 그 사무집행에 관하여 제3자에게 가 한 손해를 배상할 책임이 있다. 그러나 사용자가 피용자의 선임 및 그 사무 감독에 상당한 주의를 한 때 또는 상당한 주의를 하여도 손해가 있을 경우에는 그러하지 아니하다.
> ② 사용자에 갈음하여 그 사무를 감독하는 자도 전항의 책임이 있다.
> ③ 전2항의 경우에 사용자 또는 감독자는 피용자에 대하여 구상권을 행사할 수 있다.

(1) 법인의 불법행위 요건

1) 대표기관의 행위일 것

① 이사 외의 기타 대표자에 임시이사, 특별대리인, 직무대행자, 청산인이 있다.

- **판례** 법인의 대표자: 명칭이나 직위 여하 또는 대표자로 등기되었는지 여부를 불문하고 당해 법인을 실질적으로 운영하면서 법인을 사실상 대표하여 법인의 사무를 집행하는 사람을 포함

② 대표기관이 아닌 자의 행위에 관하여는 법인의 불법행위는 성립될 수 없다.

③ 이사가 제62조에 의하여 특정행위에 관하여 선임한 대리인이나 이사로부터 일정한 대리권이 부여된 지배인의 불법행위: 제35조 제1항의 법인의 불법행위 성립 × ⇨ 제756조 제1항의 사용자책임

2) 대표기관이 직무에 관하여 가한 손해일 것
   ① 법인의 대표자의 행위가 직무에 관한 행위에 해당하지 아니함을 피해자 자신이 알았거나 또는 중대한 과실로 인하여 알지 못한 경우: 법인에게 손해배상책임을 물을 수 없다 ⇨ 보호 가치 있는 상대방만 보호
   ② 대표권 남용의 경우: 외형상 대표자의 직무행위라고 인정할 수 있는 것이라면 설사 대표자 개인의 사리를 도모하기 위한 것이었거나 법령의 규정에 위배된 것이었다 하더라도 직무행위에 해당
3) 대표기관 자신의 불법행위가 성립할 것(제750조)

> **비교판례** **법인의 계약책임의 주체**
> **적법한 대표권을 가진 자와 맺은 법률행위의 효과**는 대표자 개인이 아니라 본인인 법인에게 귀속, 그러한 법률행위상의 **의무를 위반하여 발생한 채무불이행으로 인한 손해배상책임도** 대표기관 개인이 아닌 **법인만이 책임의 귀속주체**가 된다.

(2) 법인의 불법행위의 효과
1) 법인의 불법행위가 성립하는 경우
   ① 무과실책임, 과실상계: 당사자 주장, 증명하지 않더라도 필요적 참작
   ② 구상권 및 사원의 연대책임
      ㉠ 구상권: 이사와 법인은 부진정연대채무, 피해자는 법인이나 개인에게 동시나 순차로 전부나 일부의 이행을 청구할 수 있고 피해자에게 배상한 후 법인은 이사 기타 대표자에게 구상권 행사 可
      ㉡ 연대책임: 사원도 대표자와 공동으로 불법행위 또는 가담하였다면 제3자에 대하여 대표자와 연대하여 손해배상책임을 진다.
      but, 사원총회, 이사회의 의결은 법인의 내부행위에 불과하므로 그 사항에 찬성하였다는 이유만으로 제3자의 채권을 침해한다거나 가담한 자로서 제3자에 대하여 불법행위책임을 부담한다고 할 수 없다.

4. 법인 일반

(1) 법인의 검사, 감독(제37조)

주무관청이 검사, 감독한다.

(2) 법인의 설립허가 취소

> 제38조(법인의 설립허가의 취소) 법인이 목적 이외의 사업을 하거나 설립허가의 조건에 위반하거나 기타 공익을 해하는 행위를 한 때에는 주무관청은 그 허가를 취소할 수 있다.

- **판례** 감독관청에 제출할 서류를 기한보다 지연하여 제출한 사실만으로 설립허가를 취소하는 행위는 위법한 처분이다.
- **판례** 대립하거나 반대되는 가치관이나 신념을 가진 개인이나 단체가 그 법인의 존재를 부정하고 활동을 저지하려고 하여 사회적으로 갈등이 생길 염려가 있더라도 그러한 사정만으로 곧바로 당해 법인의 목적사업 또는 존재 자체가 공익을 해하는 경우에 해당한다고 쉽게 단정하여서는 아니 된다(남묘호렌교 사건).

(3) 재단법인

1) 증여 · 유증에 관한 규정의 준용

> 제47조(증여, 유증에 관한 규정의 준용) ① 생전처분으로 재단법인을 설립하는 때에는 증여에 관한 규정을 준용한다.
> ② 유언으로 재단법인을 설립하는 때에는 유증에 관한 규정을 준용한다.

⇨ 착오취소규정 적용
① 서면에 의하지 않은 증여: 출연행위를 해제 可
② 서면에 의한 증여: 해제 不可 ⇨ 착오에 의한 의사표시로서 취소 可

2) 출연재산의 귀속시기

> 제48조(출연재산의 귀속시기) ① 생전처분으로 재단법인을 설립하는 때에는 출연재산은 법인이 성립된 때로부터 법인의 재산이 된다.
> ② 유언으로 재단법인을 설립하는 때에는 출연재산은 유언의 효력이 발생한 때로부터 법인에 귀속한 것으로 본다.

- **판례** 출연재산이 부동산인 경우
  1. 출연자와 법인의 관계: 등기 不要
  2. 출연자와 제3자에 대한 관계: 등기 要

(4) 사원(제55조)

① 사원권의 양도, 상속금지(제56조)
② 제56조의 법적 성격: 강행규정 × ⇨ 임의규정, 정관에 의하여 양도, 상속 可

5. 법인의 기관

법인의 이사회 결의에 하자가 있는 경우 이해관계인은 언제든지 무효 주장 可
but, 이사회 결의무효확인소송이 제기되어 승소확정판결이 난 경우 판결의 효력은 당사자 사이에서만 발생하는 것이지 대세적 효력이 있다고 볼 수 없다.

(1) 이사(제57조)

1) 직무권한
   ① 대외적 권한(법인의 대표권)
      ㉠ 대표권

      > 제59조(이사의 대표권) ① 이사는 법인의 사무에 관하여 각자 법인을 대표한다. 그러나 정관에 규정한 취지에 위반할 수 없고 특히 사단법인은 총회의 의결에 의하여야 한다.
      > ② 법인의 대표에 관하여는 대리에 관한 규정을 준용한다.

      ㉡ 복임권의 제한

      > 제62조(이사의 대리인 선임) 이사는 정관 또는 총회의 결의로 금지하지 아니한 사항에 한하여 타인으로 하여금 특정한 행위를 대리하게 할 수 있다.

      ⇨ '특정한 행위': 포괄적 위임은 할 수 없다.

   ② 대내적 권한(법인의 업무집행권)
      ㉠ 제58조 제1항: 이사는 법인의 사무를 집행한다.
      ㉡ 수인인 경우(제58조 제2항): 이사가 수인인 경우에는 정관에 다른 규정이 없으면 법인의 사무집행은 이사의 과반수로써 결정한다.

2) 이사의 대표권 제한

   > 제41조(이사의 대표권에 대한 제한) 이사의 대표권에 대한 제한은 이를 정관에 기재하지 아니하면 그 효력이 없다.
   > 제60조(이사의 대표권에 대한 제한의 대항요건) 이사의 대표권에 대한 제한은 등기하지 아니하면 제삼자에게 대항하지 못한다.

   ① "제3자"의 범위: 선의·악의 관계없이 제3자에게 대항 不可
   ② 비법인사단의 경우: 제60조 규정 준용 ×

      [판례] 대표권 제한 사실을 알았거나 알 수 있었을 경우가 아니라면 그 거래행위는 유효하고, 거래상대방이 대표권 제한 사실을 알았거나 알 수 있었음을 비법인사단 측이 주장·입증 要

3) 임시이사

   > 제63조(임시이사의 선임) 이사가 없거나 결원이 있는 경우에 이로 인하여 손해가 생길 염려 있는 때에는 법원은 이해관계인이나 검사의 청구에 의하여 임시이사를 선임하여야 한다.

   ⇨ 비법인사단에 대한 유추적용: 임시이사는 정식이사와 동일한 권한을 가진다.

4) 특별대리인

> **제64조(특별대리인의 선임)** 법인과 이사의 이익이 상반하는 사항에 관하여는 이사는 대표권이 없다. 이 경우에는 전조의 규정에 의하여 특별대리인을 선임하여야 한다.

5) 직무대행자

> **제60조의2(직무대행자의 권한)** ① 제52조의2의 직무대행자는 가처분명령에 다른 정함이 있는 경우 외에는 법인의 통상사무에 속하지 아니한 행위를 하지 못한다. 다만, 법원의 허가를 얻은 경우에는 그러하지 아니하다.
> ② 직무대행자가 제1항의 규정에 위반한 행위를 한 경우에도 법인은 선의의 제3자에 대하여 책임을 진다.

(2) 사원총회

재단법인에는 사원이 없으므로 사원총회가 없다.

1) 종류
   ① 통상총회(제69조): 사단법인의 이사는 매년 1회 이상 통상총회를 소집하여야 한다.
   ② 임시총회

> **제70조(임시총회)** ① 사단법인의 이사는 필요하다고 인정한 때에는 임시총회를 소집할 수 있다.
> ② 총사원의 5분의 1 이상으로부터 회의의 목적사항을 제시하여 청구한 때에는 이사는 임시총회를 소집하여야 한다. 이 정수는 정관으로 증감할 수 있다.
> ③ 전항의 청구있는 후 2주간 내에 이사가 총회소집의 절차를 밟지 아니한 때에는 청구한 사원은 법원의 허가를 얻어 이를 소집할 수 있다.

⇨ 요건을 갖추어 임시총회 소집을 요구하였으나 2주간 내에 이사가 총회소집의 절차를 밟지 아니한 경우 법원의 허가를 얻어 임시총회를 소집할 수 있다.

2) 총회의 소집 절차

> **제71조(총회의 소집)** 총회의 소집은 1주간 전에 그 회의의 목적사항을 기재한 통지를 발하고 기타 정관에 정한 방법에 의하여야 한다.

3) 총회의 소집절차

> **제68조(총회의 권한)** 사단법인의 사무는 정관으로 이사 또는 기타 임원에게 위임한 사항 외에는 총회의 결의에 의하여야 한다.

4) 사원총회의 결의
   ① 결의권이 없는 경우(제74조): 사단법인과 어느 사원과의 관계사항을 의결하는 경우에는 그 사원은 결의권이 없다.

② 결의방법

> 제75조(총회의 결의방법) ① 총회의 결의는 본법 또는 정관에 다른 규정이 없으면 사원 과반수의 출석과 출석사원의 결의권의 과반수로써 한다.
> ② 제73조 제2항의 경우에는 당해사원은 출석한 것으로 한다.

5) 판례

① 종원에 관한 세보가 발간된 경우: 반드시 사건 당사자인 종중이 발간한 것일 필요 없다.

② 종중원이 매년 묘소에 모여 시제를 지내는 것이 종중의 관계라면 종중회의의 소집통지나 결의 사항통지가 없었다고 하여 그 회의 의결이 무효라 할 수 없다.

③ 총회의 소집권자가 총회의 소집을 철회, 취소하는 경우 소집과 동일한 방식으로 할 필요는 없고, 결정이 있었음이 알려질 수 있는 적절한 조치가 취하여지는 것으로써 충분하다.

6. 법인의 소멸

(1) 법인의 해산

> 제77조(해산사유) ① 법인은 존립기간의 만료, 법인의 목적의 달성 또는 달성의 불능 기타 정관에 정한 해산사유의 발생, 파산 또는 설립허가의 취소로 해산한다.
> ② 사단법인은 사원이 없게 되거나 총회의 결의로도 해산한다.
> 제78조(사단법인의 해산결의) 사단법인은 총사원 4분의 3 이상의 동의가 없으면 해산을 결의하지 못한다. 그러나 정관에 다른 규정이 있는 때에는 그 규정에 의한다.
> 제80조(잔여재산의 귀속) ① 해산한 법인의 재산은 정관으로 지정한 자에게 귀속한다.
> ② 정관으로 귀속권리자를 지정하지 아니하거나 이를 지정하는 방법을 정하지 아니한 때에는 이사 또는 청산인은 주무관청의 허가를 얻어 그 법인의 목적에 유사한 목적을 위하여 그 재산을 처분할 수 있다. 그러나 사단법인에 있어서는 총회의 결의가 있어야 한다.
> ③ 전2항의 규정에 의하여 처분되지 아니한 재산은 국고에 귀속한다.

(2) 법인의 청산(제81조)

① 청산법인의 기관

> 제82조(청산인) 법인이 해산한 때에는 파산의 경우를 제하고는 이사가 청산인이 된다. 그러나 정관 또는 총회의 결의로 달리 정한 바가 있으면 그에 의한다.
> 제83조(법원에 의한 청산인의 선임) 전조의 규정에 의하여 청산인이 될 자가 없거나 청산인의 결원으로 인하여 손해가 생길 염려가 있는 때에는 법원은 직권 또는 이해관계인이나 검사의 청구에 의하여 청산인을 선임할 수 있다.
> 제84조(법원에 의한 청산인의 해임) 중요한 사유가 있는 때에는 법원은 직권 또는 이해관계인이나 검사의 청구에 의하여 청산인을 해임할 수 있다.

② 해산(제85조, 제93조)

> 제85조(해산등기) ① 청산인은 법인이 파산으로 해산한 경우가 아니면 취임 후 3주일 내에 다음 각 호의 사항을 주사무소 소재지에서 등기하여야 한다.
> 1. 해산 사유와 해산 연월일
> 2. 청산인의 성명과 주소
> 3. 청산인의 대표권을 제한한 경우에는 그 제한
>
> 제93조(청산 중의 파산) ① 청산 중 법인의 재산이 그 채무를 완제하기에 부족한 것이 분명하게 된 때에는 청산인은 지체없이 파산선고를 신청하고 이를 공고하여야 한다.
> ② 청산인은 파산관재인에게 그 사무를 인계함으로써 그 임무가 종료한다.

③ 청산의 종결

> 제94조(청산종결의 등기와 신고) 청산이 종결한 때에는 청산인은 3주간 내에 이를 등기하고 주무관청에 신고하여야 한다.

7. 법인에 관한 그 밖의 규정들

(1) 정관의 변경

1) 사단법인 또는 법인 아닌 사단의 동일성 판단 기준

① 원칙: 사원이 동일한지 여부에 따라 결정
② 예외: 사원 자격의 득실변경에 관한 정관의 기재사항이 적법한 절차를 거쳐서 변경된 경우
⇨ 구성원이 다르더라도 변경 전후의 사단법인은 동일성 유지하면서 존속

2) 사단법인의 경우

> 제40조(사단법인의 정관) 사단법인의 설립자는 다음 각호의 사항을 기재한 정관을 작성하여 기명날인 하여야 한다.
> 1. 목적
> 2. 명칭
> 3. 사무소의 소재지
> 4. 자산에 관한 규정
> 5. 이사의 임면에 관한 규정
> 6. 사원자격의 득실에 관한 규정
> 7. 존립시기나 해산사유를 정하는 때에는 그 시기 또는 사유
>
> 제42조(사단법인의 정관의 변경) ① 사단법인의 정관은 총사원 3분의 2 이상의 동의가 있는 때에 한하여 이를 변경할 수 있다. 그러나 정수에 관하여 정관에 다른 규정이 있는 때에는 그 규정에 의한다.
> ② 정관의 변경은 주무관청의 허가를 얻지 아니하면 그 효력이 없다.

⇨ 사단법인의 정관은 계약이 아닌 자치법규로 본다. 사원들이 정관의 규범적인 의미내용과 다른 해석을 표명하여도 그 해석은 사단법인의 구성원인 사원이나 법인을 구속할 수 없다.

3) 재단법인의 경우

> 제43조(재단법인의 정관) 재단법인의 설립자는 일정한 재산을 출연하고 제40조 제1호 내지 제5호의 사항을 기재한 정관을 작성하여 기명날인하여야 한다.
> 제44조(재단법인의 정관의 보충) 재단법인의 설립자가 그 명칭, 사무소소재지 또는 이사임면의 방법을 정하지 아니하고 사망한 때에는 이해관계인 또는 검사의 청구에 의하여 법원이 이를 정한다.
> 제45조(재단법인의 정관변경) ① 재단법인의 정관은 그 변경방법을 정관에 정한 때에 한하여 변경할 수 있다.
> ② 재단법인의 목적달성 또는 그 재산의 보전을 위하여 적당한 때에는 전항의 규정에 불구하고 명칭 또는 사무소의 소재지를 변경할 수 있다.
> ③ 제42조 제2항의 규정은 전2항의 경우에 준용한다.
> 제46조(재단법인의 목적 기타의 변경) 재단법인의 목적을 달성할 수 없는 때에는 설립자나 이사는 주무관청의 허가를 얻어 설립의 취지를 참작하여 그 목적 기타 정관의 규정을 변경할 수 있다.

① 사후 허가 및 장래이행의 소: 계약 성립 후라도 감독청의 허가를 받으면 그 계약은 유효
② 재단법인 기본재산에 대한 저당권 설정행위와 주무관청 허가
  ㉠ 원칙: 기본재산에 관한 저당권 설정행위는 주무관청의 허가 不要
  ㉡ 예외: 정관 규정에 따라 주무관청의 허가·승인을 받아 기본재산에 관하여 근저당권을 설정한 경우, 설정된 근저당권을 실행하여 기본재산을 매각할 때에는 주무관청의 허가를 다시 받을 필요는 없다.

개정 전	개정 후 [2024.9.20. (법률 제20432호, 시행 2025.1.31.)]
제50조(분사무소설치의 등기) ① 법인이 분사무소를 설치한 때에는 주사무소 소재지에서는 3주간 내에 분사무소를 설치한 것을 등기하고 그 분사무소 소재지에서는 동기간내에 전조 제2항의 사항을 등기 하고 다른 분사무소 소재지에서는 동기간 내에 그 분사무소를 설치한 것을 등기하여야 한다. ② 주사무소 또는 분사무소의 소재지를 관할하는 등기소의 관할구역 내에 분사무소를 설치한 때에는 전항의 기간 내에 그 사무소를 설치한 것을 등기하면 된다.	제50조[분사무소(分事務所) 설치의 등기] 법인이 분사무소를 설치한 경우에는 주사무소(主事務所)의 소재지에서 3주일 내에 분사무소 소재지와 설치 연월일을 등기하여야 한다.
제51조(사무소이전의 등기) ① 법인이 그 사무소를 이전하는 때에는 구소재지에서는 3주간 내에 이전등기를 하고 신소재지에서는 동기간내에 제49조 제2항에 지시한 사항을 등기하여야 한다. ② 동일한 등기소의 관할구역 내에서 사무소를 이전한 때에는 그 이전한 것을 등기하면 된다.	제51조(사무소 이전의 등기) ① 법인이 주사무소를 이전한 경우에는 종전 소재지 또는 새 소재지에서 3주일 내에 새 소재지와 이전 연월일을 등기하여야 한다. ② 법인이 분사무소를 이전한 경우에는 주사무소 소재지에서 3주일 내에 새 소재지와 이전 연월일을 등기하여야 한다.

제52조의2(직무집행정지 등 가처분의 등기) 이사의 직무집행을 정지하거나 직무대행자를 선임하는 가처분을 하거나 그 가처분을 변경·취소하는 경우에는 주사무소와 분사무소가 있는 곳의 등기소에서 이를 등기하여야 한다.	제52조의2 중 "주사무소와 분사무소"를 "<u>주사무소</u>"로 한다.
제85조(해산등기) ① 청산인은 파산의 경우를 제하고는 그 취임 후 3주간 내에 해산의 사유 및 년월일, 청산인의 성명 및 주소와 청산인의 대표권을 제한한 때에는 그 제한을 주된 사무소 및 분사무소 소재지에서 등기하여야 한다. ② 제52조의 규정은 전항의 등기에 준용한다.	제85조(해산등기) ① 청산인은 법인이 파산으로 해산한 경우가 아니면 취임 후 3주일 내에 다음 각 호의 사항을 <u>주사무소 소재지에서</u> 등기하여야 한다. 1. 해산 사유와 해산 연월일 2. 청산인의 성명과 주소 3. 청산인의 대표권을 제한한 경우에는 그 제한 ② 제1항의 등기에 관하여는 제52조를 준용한다.

8. 권리능력 없는 사단(비법인사단)

(1) 종중

1) 구성권의 자격
공동선조와 성과 본을 같이하는 후손은 성별의 구별 없이 성년이 되면 당연히 구성원이 된다.

2) 종중원의 기본권리 침해
종중 규약에 근거하여 종원에 대하여 10년 내지 20년간 자격을 정지시킨다는 내용을 처분한 것은 효력을 인정할 수 없다.

3) 종중 유사 단체
특정 범위 내의 종원만으로 조직체를 구성하여 활동하고 있다면 본래의 의미의 종중으로 볼 수 없고 종중 유사 단체가 될 수 있을 뿐이다.

(2) 교회

1) 분열의 인정 여부 및 총유 재산관계
① 구성원의 탈퇴나 해산은 인정하지만 구성원들이 2개의 법인으로 나뉘어 각각 독립한 법인으로 존속하면서 재산을 소유하는 방식의 <u>**사단법인의 분열은 허용되지 않는다**</u>.
② <u>일부 교인들이 교회를 탈퇴</u>하여 지위를 상실하게 되었다면 종전 교회는 잔존 교인들의 구성원으로 하여 존속하며 종전 <u>교회의 재산은 잔존 교인들의 총유로 귀속</u>된다.

2) 소속 교단에서의 탈퇴 내지 소속교단의 변경
<u>의결권 가진 교인 2/3 이상의 찬성 결의 要</u>, 결의요건을 갖춘 경우 종전 교회는 탈퇴한 교회로서 존속하고 종전 교회 재산은 <u>**탈퇴한 교회 소속 교인들의 총유로 귀속**</u>된다.

03 권리의 객체

1. 물건의 의의

판례 제사주재자의 결정 방법
1. 제사주재자 협의가 이루어지지 않는 경우: 피상속인의 직계비속 중 남녀, 적서를 불문하고 최근친의 연장자
2. 피상속인이 생전행위 또는 유언으로 자신의 유체, 유골을 처분하거나 매장장소를 지정한 경우: 제사주재자가 무조건 이에 구속되어야 하는 법률적 의무까지 부담한다고 볼 수 없다.

참고판례 공동상속인들 사이에 협의가 이루어지지 않는 경우, 제사주재자를 결정하는 방법
(대판 2023.5.11. 2018다248626 전합)

[다수의견] 대법원 2008.11.20. 선고 2007다27670 전원합의체 판결(이하 '2008년 전원합의체 판결'이라 한다)은 제사주재자는 우선적으로 망인의 공동상속인들 사이의 협의에 의해 정하되, 협의가 이루어지지 않는 경우에는 제사주재자의 지위를 유지할 수 없는 특별한 사정이 있지 않는 한 망인의 장남(장남이 이미 사망한 경우에는 장손자)이 제사주재자가 되고, 공동상속인들 중 아들이 없는 경우에는 망인의 장녀가 제사주재자가 된다고 판시하였다. 그러나 공동상속인들 사이에 협의가 이루어지지 않는 경우 제사주재자 결정방법에 관한 2008년 전원합의체 판결의 법리는 더 이상 조리에 부합한다고 보기 어려워 유지될 수 없다. **공동상속인들 사이에 협의가 이루어지지 않는 경우에는 제사주재자의 지위를 인정할 수 없는 특별한 사정이 있지 않는 한 피상속인의 직계비속 중 남녀, 적서를 불문하고 최근친의 연장자가 제사주재자로 우선한다고 보는 것이 가장 조리에 부합**한다.

2. 부동산과 동산

제99조(부동산, 동산) ① 토지 및 그 정착물은 부동산이다.
② 부동산 이외의 물건은 동산이다.

(1) 부동산

1) 토지의 일부
   ① 분필 절차를 밟기 전에 양도 不可
      but, 지상권, 전세권, 지역권(용익물권) 설정 可

② 일부를 특정하여 인식할 수 있을 정도로 점유하게 되면 토지의 일부에 대하여 점유취득시효 可 but, 등기받아야 한다. 그러나 1필의 토지의 일부가 공간정보의 구축 및 관리 등에 관한 법률상 분할절차 없이 분필등기가 된 경우, 그 분필등기가 표상하는 부분에 대한 등기부취득시효는 인정될 수 없다[2].

2) 토지의 정착물 중 토지와 별개의 독립한 부동산이 되는 것

① 건물: 건물은 토지와는 별개의 부동산이다.

  판례 최소한의 기둥과 지붕, 주벽에 이루어지면 건물이 인정된다.
  단, 부속건물로 등기된 창고건물은 분할등기 없이 원채인 주택과 분리하여 경매로 매각될 수는 없다.[3]

② 농작물: 권원 없이 타인의 토지에서 재배하여도 명인방법을 갖추지 않았다고 하여도 경작자의 소유

(2) 독립한 물건이 아닌 경우 **판**

구조상의 독립성을 갖추었다고 볼 수 없는 경우 독립한 소유권의 객체로 인정할 수 없다.

3. 주물과 종물

> 제100조(주물, 종물) ① 물건의 소유자가 그 물건의 상용에 공하기 위하여 자기소유인 다른 물건을 이에 부속하게 한 때에는 그 부속물은 종물이다.
> ② 종물은 주물의 처분에 따른다.

(1) 종물의 요건

1) 주물의 상용에 공할 것

2) 장소적 밀접성

3) 독립한 물건: 동산이건 부동산이건 상관없다.

  판례 정화조는 건물의 종물이 아닌 구성부분이다.

4) 주물, 종물 모두 동일한 소유자에 속할 것

① 원칙: 자기 소유인 물건을 말한다.
  ※ 주물과 다른 사람의 소유에 속하는 물건은 종물이 될 수 없다.

---

[2] 등기부상만으로 어떤 토지 중 일부가 분할되고 그 분할된 토지에 대하여 지번과 지적이 부여되어 등기되어 있어도 지적공부 소관청에 의한 지번, 지적, 지목, 경계확정 등의 분필절차를 거친 바가 없다면 그 등기가 표상하는 목적물은 특정되었다고 할 수는 없으니, 그 등기부에 소유자로 등기된 자가 그 등기부에 기재된 면적에 해당하는 만큼의 토지를 특정하여 점유하였다고 하더라도, 그 등기는 그가 점유하는 토지부분을 표상하는 등기로 볼 수 없어 그 점유자는 등기부취득시효의 요건인 "부동산의 소유자로 등기한 자"에 해당하지 아니하므로 그가 점유하는 부분에 대하여 등기부시효취득을 할 수는 없다(대판 1995.6.16. 94다4615).

[3] 1동의 건물은 그 전체를 경락허가의 대상으로 삼아야 할 것이고 그 일부분을 분리하여 따로 경락허가의 대상으로 삼을 수는 없는 것인바, 이 사건에서 경매의 대상이 된 건물인 1동의 주택 및 창고와 부속건물 4동이 한 개의 건물로 등기되어 있고 미등기인 창고 2동이 있는데 경매법원이 위 등기된 건물 중 원채인 주택 및 창고와 부속건물 중 1동을 제외한 부속건물 3동을 따로 떼어 경락허가한 것은 일물일권주의에 위반되어 위법하고, 미등기인 창고 2동은 그것이 위 등기된 건물에 부속된 것이라면 같은 이유로 위법하고 따로 독립된 건물이라면 경매신청이 없는데 경락을 허가한 허물이 있다(대결 1990.10.11. 자90마679).

② 예외: 제3자의 권리를 해하지 않는 한 주물, 종물 소유자가 달라도 된다.
③ 경매의 경우: 저당권 실행으로 부동산이 경매된 경우 부동산을 낙찰받은 사람이 소유권 취득 but, 낙찰자가 선의취득 하였다고 할 수 있으려면 낙찰자가 선의이며 과실 없이 그 물건을 점유하는 등 선의취득 요건을 구비하여야 한다.

5) 종물의 예

종물에 해당 O	종물에 해당 ×
① 농지에 부속한 양수시설 ② 횟집의 수족관 ③ 주유기 ④ 가재도구 보관하는 방, 연탄창고 ⑤ 백화점 건물 지하에 설비된 전호교환설비	① 호텔 각 방실의 TV, 전화기, 세탁기, 호텔주방의 냉장고 ② 축사출입차량 소독을 위하여 설치된 소독시설

(2) 종물의 효과
① 수반성: 종물은 주물의 처분에 따른다. 이때 처분은 물권적 처분, 채권도 처분이다.
② 주물 위에 저당권이 설정된 경우: 저당권설정 전후 불문하고 저당권의 효력이 종물에 미친다.

(3) 원본채권이 양도되면 기본적 이자채권도 같이 양도

but, <u>이미 변제기에 도달한 이자채권은 당연히 함께 양도되는 것은 아니다.</u>

4. 원물과 과실

(1) 천연과실, 법정과실

> 제101조(천연과실, 법정과실) ① 물건의 용법에 의하여 수취하는 산출물은 천연과실이다.
> ② 물건의 사용대가로 받는 금전 기타의 물건은 법정과실로 한다.

(2) 수취할 권리자의 예

> 제102조(과실의 취득) ① 천연과실은 그 원물로부터 분리하는 때에 이를 수취할 권리자에게 속한다.
> ② 법정과실은 수취할 권리의 존속기간일수의 비율로 취득한다.

① 해당되는 경우: 원물의 소유자, 지상권자, 전세권자, 사용차주, 임차인, 선의의 점유자, 목적물인도 前 매도인 등
but, 유치권자, 질권, 저당권자는 과실취득권과 성질을 달리한다.
② 해당하지 않는 경우: 수임인, 수치인, 사무관리자 등은 과실수취권이 없다.

04 권리의 변동

1 법률행위

1. 법률행위 목적

(1) 목적의 가능

구분	원시적 불능 (법률행위 성립 전)	구분	후발적 불능 (법률행위 성립 후)
전부불능	객관적: 무효, 계약체결상의 과실책임(제535조)	과실 ○	이행불능(제390조)
	주관적: 유효, 타인권리매매		
일부불능	담보책임 (제574조, 제580조 등)	과실 ×	위험부담(제537조), 대상청구권

(2) 목적의 적법 判

1) **강행규정**(효력규정) – 공공건설임대주택의 임대보증금과 임대료 상호전환 사건: 무효

2) **단속규정**
   ① 공인중개사 자격이 없는 자가 우연한 기회에 단 1회 타인 간의 거래행위를 중개한 경우: 무효 ×
   but, 중개수수료 약정이 부당하게 과다한 경우: 상당하다고 인정되는 범위 내로 감액된 보수액만 청구 可
   ② 개업공인중개사 등이 중개의뢰인과 직접 거래를 하는 행위를 금지하는 공인중개사법: 무효 ×

(3) 목적의 사회적 타당

> 제103조(반사회질서의 법률행위) 선량한 풍속 기타 사회질서에 위반한 사항을 내용으로 하는 법률행위는 무효로 한다.
> 제746조(불법원인급여) 불법의 원인으로 인하여 재산을 급여하거나 노무를 제공한 때에는 그 이익의 반환을 청구하지 못한다. 그러나 그 불법원인이 수익자에게만 있는 때에는 그러하지 아니하다.

1) 동기의 불법 判
   ① 강박이 의사결정의 자유를 완전히 박탈하는 정도에 이르지 아니하고 이를 제한하는 정도에 그친 경우에는 그 의사표시는 취소할 수 있음에 그치고 무효라고까지 볼 수 없다.
   ② 반사회질서행위는 선량한 풍속 기타 사회질서에 위반되는 경우뿐만 아니라 표시되거나 상대방에게 알려진 법률행위의 동기가 반사회질서적인 경우 포함한다.

2) 제103조 위반의 효과
   ① 무효
   판례 반사회질서 법률행위를 원인으로 하여 부동산에 관한 소유권이전등기를 마쳤더라도 등기명의자가 소유권에 기한 물권적 청구권을 행사하는 경우: 권리행사의 상대방은 법률행위의 무효를 항변으로써 주장할 수 있다.
   ② 물권적 청구권과 불법원인급여: 부정
   판례 급여한 물건의 소유권은 급여를 받은 상대방에게 귀속된다.
   ③ 법률행위 성립과정에서 불법적 방법이 사용된 데 불과한 경우: 반사회질서의 무효라고 할 수 ×

2. 불공정한 법률행위

제104조(불공정한 법률행위) 당사자의 궁박, 경솔 또는 무경험으로 인하여 현저하게 공정을 잃은 법률행위는 무효로 한다.

(1) 객관적 요건
   ① 급부와 반대급부의 현저한 불균형
   판례 키코 통화옵션계약의 구조: 계약 체결 후 시장환율이 당초 예상과 달리 변동함으로써 결과적으로 쌍방의 이익에 불균형이 생겼다 하더라도 불공정행위에 해당하지 않는다.
   ② 불공정의 판정 시기: 법률행위 시

(2) 주관적 요건
   1) 피해자의 궁박, 경솔, 무경험
      ① 궁박, 경솔, 무경험 중 하나만 성립해도 된다.
      ② 궁박의 상태가 계속적인 것이든 일시적인 것이든 무방하다.
      ③ 대리인에 의하여 법률행위가 이루어진 경우: 경솔과 무경험은 대리인 기준 / 궁박은 본인 기준
   2) 폭리자의 악의
   3) 증명책임: 무효를 주장하는 자가 현저한 불공정, 불균형이 있음을 입증하여야 하며, 현저히 공정을 잃었다고 하여 바로 그 법률행위가 궁박·경솔·무경험에 의하여 이루어진 것으로 추정되는 것은 아니다.

(3) 효과 - 무효

선의의 제3자에 대하여도 주장 可

but, 매매예약이 약정된 매매대금의 과다로 말미암아 **무효인 경우에도** 무효행위의 전환에 관한 민법 **제138조가 적용될 수 있다.**

⇨ 불공정한 법률행위에 해당하지만, 그 매매대금을 적정한 금액으로 감액하여 매매계약의 유효성을 인정할 수 있다.

(4) 판례

1) 제104조에 위반되는 경우
   ① 대물변제의 목적물인 부동산의 가액이 채권액의 3~4배에 달한 경우
   ② 구속된 남편을 석방시키기 위하여 회사에 대한 물품잔대금채권이 얼마인지도 모르면서 남편을 대리하여 위임장과 포기서를 작성해 준 '채권포기행위'

2) 제104조에 위반되지 않는 경우
   기부행위(증여)와 같이 아무 대가관계 없이 일방적인 급부를 하는 행위

3) 제104조 위반과 부제소특약
   ① 기본계약이 유효인 경우: 대상으로 된 권리관계가 강행법규 위반으로 무효라는 주장을 하지 못하게 되는 결과가 초래된다 하더라도 부제소특약이 무효로 된다고 볼 수 없다.
   ② 기본계약이 무효인 경우: 쌍무계약이 급부와 반대급부와의 불균형으로 말미암아 제104조에 해당하여 무효라고 한다면 부제소합의 역시 무효이다.

2 의사표시

1. 흠이 있는 의사표시

(1) 진의 아닌 의사표시

> 제107조(진의 아닌 의사표시) ① 의사표시는 표의자가 진의 아님을 알고 한 것이라도 그 효력이 있다. 그러나 상대방이 표의자의 진의 아님을 알았거나 이를 알 수 있었을 경우에는 무효로 한다.
> ② 전항의 의사표시의 무효는 선의의 제삼자에게 대항하지 못한다.

1) 요건
   ① 의사표시가 있을 것
   ② 의사와 표시의 불일치

   > 판례 표의자가 의사표시의 내용을 진정으로 <u>마음속에서 바라지는 아니하였다</u>고 하더라도 당시의 상황에서는 그것을 <u>최선이라고 판단</u>하여 그 의사표시를 하였을 경우에는 이를 내심의 효과의사가 결여된 <u>비진의사표시라고 할 수 없다.</u>

   ③ 표의자가 그 불일치를 스스로 알고 있을 것
   ④ 비진의표시를 하게 된 동기는 불문

2) 효과

① 원칙: 표시된 대로의 효력 생긴다.

② 예외: 무효

　㉠ 상대방에 대한 효과: 상대방이 진의 아님을 알았거나 알 수 있었을 경우에는 무효이다.

　㉡ 선의의 제3자에게 대항하지 못한다.

　㉢ 증명책임: 진의 아님을 주장하는 자에게 있다.

3) 적용범위

① 상대방 없는 의사표시: 본문만 적용된다.

② 가족법상 행위: 적용되지 않는다.

③ 공법행위: 적용되지 않는다.

(2) 통정한 허위의 의사표시

> 제108조(통정한 허위의 의사표시) ① 상대방과 통정한 허위의 의사표시는 무효로 한다.
> ② 전항의 의사표시의 무효는 선의의 제삼자에게 대항하지 못한다.

1) 요건

① 의사표시가 있을 것

② 의사와 표시의 불일치

③ 표의자가 그 불일치를 스스로 알고 있을 것

④ 상대방과의 통정이 있을 것

　판례　제3자 명의로 되어 있는 대출약정은 상호신용금고의 양해하에 그에 따른 채무부담의 의사 없이 형식적으로 이루어진 것에 불과하여 통정허위표시에 해당하는 무효의 법률행위이다.

2) 효과

① 당사자 사이에서의 효력

　㉠ 무효　㉡ 부당이득반환의무

② 제3자에 대한 효력: 허위표시의 당사자 및 포괄승계인 이외의 자로서 허위표시에 의하여 새로운 법률상 이해관계를 맺은 선의의 제3자에 대하여는 허위표시의 당사자뿐만 아니라 그 누구도 허위표시의 무효를 대항하지 못한다.

③ 제3자의 범위

　㉠ 제3자에 해당하는 경우

　　ⓐ 파산관재인: 총파산채권자 기준으로 파산채권자 모두가 악의로 되지 않는 한 파산관재인은 선의의 제3자라고 할 수 밖에 없다.

　　ⓑ 한국자산관리공사: 금융기관이 한국자산관리공사에게 부실자산인 대출금 채권을 양도한 경우

ⓒ 실제로는 전세권설정계약이 없으면서도 임차보증금 반환채권을 담보할 목적으로 전세권설정등기를 마친 후 그 전세권에 대하여 근저당권이 설정된 경우, 임대인이 그와 같은 사정을 알지 못한 근저당권자에게 무효를 주장할 수 없다.
ⓒ 제3자에 해당되지 아니하는 경우
ⓐ 채권의 가장양도에서 채무자
ⓑ 계약이전을 받은 금융기관
ⓒ 소외인A가 부동산의 매수자금을 피고로부터 차용하고 담보조로 가등기를 경료하기로 약정한 후 채권자들의 강제집행을 우려하여 소외인B에게 가장양도 후 피고 앞으로 가등기를 경료케 한 경우 피고는 실질적인 새로운 법률원인에 의한 것이 아니므로 제3자로 볼 수 없다.
⇨ "제3자의 범위": 형식적 ×, 새로운 법률상 이해관계를 맺었는지 실질적으로 파악하여야 함
ⓒ 무과실 不要

(3) 착오로 인한 의사표시

> 제109조(착오로 인한 의사표시) ① 의사표시는 법률행위의 내용의 중요부분에 착오가 있는 때에는 취소할 수 있다. 그러나 그 착오가 표의자의 중대한 과실로 인한 때에는 취소하지 못한다.
> ② 전항의 의사표시의 취소는 선의의 제3자에게 대항하지 못한다.

1) 착오의 유형
① 표시상의 착오
② 내용상의 착오
③ 동기의 착오
ⓐ 동기를 계약내용으로 하는 의사를 표시하지 아니한 이상 그 착오를 이유로 계약 취소 不可
but, 동기가 상대방의 부정한 방법에 의하여 유발된 경우, 동기가 상대방으로부터 제공된 경우: 취소될 수 있다.
ⓑ 동기의 착오가 상대방에게 표시하고 해석상 법률행위의 내용으로 인정되면 충분하고 별도로 그 동기를 의사표시의 내용으로 삼기로 하는 합의까지 이루어질 필요는 없다.
ⓒ 쌍방의 공통하는 동기의 착오 判: 부동산의 양도가 있은 경우 부과될 양도소득세 등 장래의 불확실한 사실에 관한 것이라도 제109조 착오에서 제외되는 것은 아니다.

2) 요건
   ① 법률행위의 내용의 중요부분의 착오

중요부분의 착오인 경우	중요부분의 착오가 아닌 경우
㉠ 토지 현황 ㉡ 토지의 경계 ㉢ 법률의 착오 ㉣ 채무자의 동일성에 대한 물상보증인의 착오 ㉤ 재건축조합이 설계용역계약 체결함에 있어 상대방의 건축사 자격 유무에 관한 착오 ㉥ 신용보증에 있어 보증인의 보증행위	㉠ 표시된 지적이 실제 면적보다 적은 때 ㉡ 토지매매에 있어서 시가에 관한 착오 ㉢ 공리스에 있어 리스물건의 존재 여부에 관한 보증인의 착오 ㉣ 경제적 불이익 입은 것이 아닌 때 ※ 경제적 불이익 要

   ② 표의자에게 중대한 과실이 없을 것
      ㉠ 증명책임: 의사표시를 취소하고자 하는 표의자의 상대방이 부담
      ㉡ 상대방이 착오를 이용한 경우: 표의자에게 중대한 과실이 있어도 표의자는 의사표시 취소 可

중대한 과실인 경우	중대한 과실이 아닌 경우
ⓐ 공장경영자가 공장설립 목적으로 토지를 매수하면서 공장건축이 가능한지 여부를 관청에 문의하지 않은 경우 ⓑ 금융기관이 대출자금이 상환되지 않았는데 신용보증기금에 보증서 담보설정해지를 통지한 경우	감정인에게 문의하지 않고 가짜 골동품을 진품으로 알고 매수한 자

3) 적용범위
   ① 가족법상 행위·소송행위: 적용 ×
   ② 착오와 화해계약

   > 제733조(화해의 효력과 착오) 화해계약은 착오를 이유로 하여 취소하지 못한다. 그러나 화해당사자의 자격 또는 화해의 목적인 분쟁 이외의 사항에 착오가 있는 때에는 그러하지 아니하다.

   화해계약이 사기로 인하여 이루어진 경우에는 화해의 목적인 분쟁에 관한 사항에 착오가 있는 때에도 제110조에 따라 취소할 수 있다.

4) 효과
   ① 당사자 간의 효력: 중요부분의 착오 있으면 취소 可 ⇨ 법률행위는 처음부터 무효
   but, <u>당사자의 합의로 제109조 제1항의 적용을 배제할 수 있다.</u>
   ② 표의자의 배상문제: 경과실의 착오로 불법행위 성립할 수 없다.

5) 제109조와 다른 규정과의 경합 여부
   ① 해제와 착오 취소: 적법하게 해제한 후라도 불이익을 면하기 위하여 착오를 이유로 취소권 행사하여 무효로 돌릴 수 있다.

② 착오와 사기(경합)·착오와 담보책임(경합): 착오로 인한 취소 제도와 매도인의 하자담보책임 제도는 취지가 서로 다르고, 요건과 효과도 구별된다. 따라서 매매계약 내용의 중요 부분에 착오가 있는 경우 매수인은 매도인의 하자담보책임이 성립하는지와 상관없이 착오를 이유로 매매계약을 취소할 수 있다(대판 2018.9.13. 2015다78703).

(4) 사기·강박에 의한 의사표시

> 제110조(사기, 강박에 의한 의사표시) ① 사기나 강박에 의한 의사표시는 취소할 수 있다.
> ② 상대방 있는 의사표시에 관하여 제삼자가 사기나 강박을 행한 경우에는 상대방이 그 사실을 알았거나 알 수 있었을 경우에 한하여 그 의사표시를 취소할 수 있다.
> ③ 전2항의 의사표시의 취소는 선의의 제삼자에게 대항하지 못한다.

1) 하자 있는 의사표시의 효과

① 상대방 사기, 강박의 경우: 의사결정을 스스로 할 수 있는 여지를 완전히 박탈한 상태에서 이루어져 법률행위의 외형만이 만들어진 것에 불과한 정도이어야 한다.

② 상대방 있는 의사표시를 한 경우(제110조 제1항 적용): 상대방의 대리인등 **상대방과 동일시 할 수 있는 자**의 사기 또는 강박에 해당 ⇨ 취소 可
but, (제110조 제2항 적용) 상대방이 사용자책임을 져야 할 관계에 있는 피용자에 지나지 않는 자는 제3자에 해당한다.

③ 착오와 사기의 경합: 인정
but, 신원보증서면에 서명한다는 착각에 빠져 연대보증서면에 서명한 경우: 제110조 제2항 적용 ×, 제109조만 적용

2. 상대방 있는 의사표시의 효력발생시기

> 제111조(의사표시의 효력발생시기) ① 상대방이 있는 의사표시는 상대방에게 도달한 때에 그 효력이 생긴다.
> ② 의사표시자가 그 통지를 발송한 후 사망하거나 제한능력자가 되어도 의사표시의 효력에 영향을 미치지 아니한다.

(1) 도달과 송달의 차이

도달은 엄격함 不要, 이에 송달 장소 등에 관한 민사소송법의 규정을 유추적용 할 것이 아니다.

판례 통상우편의 발송: 발송일로부터 상당한 기간 내에 수취인에게 송달된 것으로 추정 不可
내용증명우편의 발송: 반송되지 아니한 경우 그 무렵에 송달된 것으로 추정 可

(2) 제한능력자에 대한 의사표시의 효력

> 제112조(제한능력자에 대한 의사표시의 효력) 의사표시의 상대방이 의사표시를 받은 때에 제한능력자인 경우에는 의사표시자는 그 의사표시로써 대항할 수 없다. 다만, 그 상대방의 법정대리인이 의사표시가 도달한 사실을 안 후에는 그러하지 아니하다.

(3) 의사표시의 공시송달

> 제113조(의사표시의 공시송달) 표의자가 과실 없이 상대방을 알지 못하거나 상대방의 소재를 알지 못하는 경우에는 의사표시는 민사소송법 공시송달의 규정에 의하여 송달할 수 있다.

3 법률행위의 대리

1. 대리권

> 제114조(대리행위의 효력) ① 대리인이 그 권한내에서 본인을 위한 것임을 표시한 의사표시는 직접 본인에게 대하여 효력이 생긴다.
> ② 전항의 규정은 대리인에게 대한 제삼자의 의사표시에 준용한다.
> 제115조(본인을 위한 것임을 표시하지 아니한 행위) 대리인이 본인을 위한 것임을 표시하지 아니한 때에는 그 의사표시는 자기를 위한 것으로 본다. 그러나 상대방이 대리인으로서 한 것임을 알았거나 알 수 있었을 때에는 전조 제1항의 규정을 준용한다.

(1) 대리권의 범위
① 이용·개량행위: 물건이나 권리의 성질을 변하지 아니하는 범위에서 可
② 처분행위: 대리권 범위에 포함하지 ×

> **판례** 담보권설정계약을 체결할 권한을 수여 받은 대리인에게 본래의 계약관계를 해제할 대리권까지 있다고 볼 수 없다.

(2) 각자대리(제119조)
① 원칙: 대리인이 수인인 경우 각자가 본인을 대리

> 제119조(각자대리) 대리인이 수인인 때에는 각자가 본인을 대리한다. 그러나 법률 또는 수권행위에 다른 정한 바가 있는 때에는 그러하지 아니하다.

② 예외: 친권의 표현적 공동행사

> 제920조의2(공동친권자의 일방이 공동명의로 한 행위의 효력) 부모가 공동으로 친권을 행사하는 경우 부모의 일방이 공동명의로 자를 대리하거나 자의 법률행위에 동의한 때에는 다른 일방의 의사에 반하는 때에도 그 효력이 있다. 그러나 상대방이 악의인 때에는 그러하지 아니한다.

(3) 자기계약, 쌍방대리

> 제124조(자기계약, 쌍방대리) 대리인은 본인의 허락이 없으면 본인을 위하여 자기와 법률행위를 하거나 동일한 법률행위에 관하여 당사자쌍방을 대리하지 못한다. 그러나 채무의 이행은 할 수 있다.

1) **본인이 허락한 때**: 원고의 소송 복대리인으로서 변호사가 출석하여 변론한 경우, 당사자가 아무런 이의를 제기하지 않았다면 그 소송행위는 소송법상 완전한 효력이 생긴다.

2) **채무이행의 경우** 判
   ① <u>사채알선업자</u>가 대주와 차주 쌍방을 대리하여 소비대차계약과 담보권설정계약을 체결한 경우 차주가 그 사채알선업자에게 한 변제는 효력 있다.
   ② 법정대리인인 친권자가 부동산을 매수하여 子에게 증여하는 행위는 자기계약이지만 유효하다.
   ③ <u>영농조합법인과 대표이사</u>의 <u>이익이 상반하는 사항</u>에 관하여 대표이사는 대리권이 없다. 그럼에도 대표이사가 영농조합법인을 대리한 경우, 그 행위는 무권대리행위로서 영농조합법인에 대하여 효력이 없다.

(4) 대리권의 소멸

제127조(대리권의 소멸사유)	제128조(임의대리의 종료)
대리권은 다음 각 호의 사유로 소멸한다. 1. 본인의 사망 2. 대리인의 사망, 성년후견의 개시 또는 파산	법률행위에 의하여 수여된 대리권은 전조의 경우 외에 그 원인된 법률관계의 종료에 의하여 소멸한다. 법률관계의 종료 전에 본인이 수권행위를 철회한 경우에도 같다.

2. 대리행위

(1) 무권대행의 문제 判
① 행위자와 상대방의 의사가 일치한 경우: 일치한 의사대로 계약의 당사자 확정
② 일치하지 않는 경우: 계약 체결 전후의 구체적인 제반 사정을 토대로 계약의 당사자 확정

(2) 대리인의 능력(제117조)
행위능력자임을 요하지 아니 한다.

3. 대리의 효과

> 제114조(대리행위의 효력) ① 대리인이 그 권한내에서 본인을 위한 것임을 표시한 의사표시는 직접 본인에 대하여 효력이 생긴다.
> ② 전항의 규정은 대리인에게 대한 제삼자의 의사표시에 준용한다.

4. 복대리

복대리인은 "대리인 자신"의 이름으로 선임한 "본인"의 대리인이다. ⇨ 모두 임의대리인

(1) 대리인의 복임권과 책임

1) 임의대리인의 복임권

① 요건

> 제120조(임의대리인의 복임권) 대리권이 법률행위에 의하여 부여된 경우에는 대리인은 본인의 승낙이 있거나 부득이한 사유있는 때가 아니면 복대리인을 선임하지 못한다.

판례 오피스텔 분양 업무: 명시적 의사 要

② 책임

> 제121조(임의대리인의 복대리인선임의 책임) ① 전조의 규정에 의하여 대리인이 복대리인을 선임한 때에는 본인에게 대하여 그 선임감독에 관한 책임이 있다.
> ② 대리인이 본인의 지명에 의하여 복대리인을 선임한 경우에는 그 부적임 또는 불성실함을 알고 본인에게 대한 통지나 그 해임을 태만한 때가 아니면 책임이 없다.

2) 법정대리인의 복임권

> 제122조(법정대리인의 복임권과 그 책임) 법정대리인은 그 책임으로 복대리인을 선임할 수 있다. 그러나 부득이한 사유로 인한 때에는 전조 제1항에 정한 책임만이 있다.

(2) 복대리인의 지위 – 대리인의 대리권 범위로 제한된다.

> 제123조(복대리인의 권한) ① 복대리인은 그 권한 내에서 본인을 대리한다.
> ② 복대리인은 본인이나 제삼자에 대하여 대리인과 동일한 권리의무가 있다.

① 복대리인의 복임권 可
② 복대리권의 소멸: 대리권이 소멸하면 복대리권도 소멸

5. 무권대리

(1) 표현대리

1) 대리권수여의 표시에 의한 표현대리

> 제125조(대리권수여의 표시에 의한 표현대리) 제삼자에 대하여 타인에게 대리권을 수여함을 표시한 자는 그 대리권의 범위 내에서 행한 그 타인과 그 제삼자 간의 법률행위에 대하여 책임이 있다. 그러나 제삼자가 대리권 없음을 알았거나 알 수 있었을 때에는 그러하지 아니하다.

① 요건
  ㉠ 본인이 제3자에 대하여 어떤 자에게 대리권을 수여하였음을 표시할 것
    판례 호텔 등의 시설이용 우대회원 모집계약
  ㉡ 그 통지에서 수여하였다고 표시된 대리권 범위 내에서 행한 법률행위일 것
  ㉢ 상대방의 선의, 무과실: 증명책임은 본인에게 있다.
② 적용범위: 임의대리에 한함, 소송행위에는 표현대리규정 적용 또는 유추적용 不可
③ 표현대리는 상대방이 주장할 때 문제되는 것이다. 본인 쪽에서는 주장 不可

2) 권한을 넘은 표현대리

제126조(권한을 넘은 표현대리) 대리인이 그 권한 외의 법률행위를 한 경우에 제삼자가 그 권한이 있다고 믿을 만한 정당한 이유가 있는 때에는 본인은 그 행위에 대하여 책임이 있다.

① 기본대리권의 존재
  ㉠ 본인에게 기본대리권이 수여된 이상, 제126조를 적용함에 기본대리권 흠결문제 생기지 ×
  ㉡ 권한초과의 표현대리 성립할 수 없다.
② 대리인이 권한 밖의 대리행위를 하였을 것
  ㉠ 대리인이 본인의 성명을 모용하여 자기가 마치 본인인 것처럼 기망: 표현대리 성립될 수 ×
    본인임을 사칭하고 본인을 가장하여 계약 체결한 행위: 표현대리 유추적용
  ㉡ 강행규정 위반의 대리행위여서는 안 된다.
  ㉢ <u>제3자는 대리행위의 직접 상대방만을 의미</u>한다.
③ 정당한 이유
  ㉠ 대리행위 당시 기준으로 판정
    ※ 변론종결 시 이후 사정 고려하지 않는다.
  ㉡ 주장, 증명책임: 상대방이 증명 要
④ 제126조 적용 – ○: 법정대리
           – ×: 과실상계

3) 대리권 소멸 후의 표현대리

제129조(대리권 소멸 후의 표현대리) 대리권의 소멸은 선의의 제삼자에게 대항하지 못한다. 그러나 제삼자가 과실로 인하여 그 사실을 알지 못한 때에는 그러하지 아니하다.

① 요건
  ㉠ 기존에 대리권이 있었으나 대리행위 당시 대리권이 소멸하였을 것
    ※ 처음부터 대리권이 없었던 경우에는 대리권 소멸 후의 표현대리가 성립할 수 없다.
  ㉡ 소멸하기 전 대리권 범위 내에서 대리행위를 할 것
  ㉢ 대리권 소멸에 관하여 상대방은 선의, 무과실일 것

② 적용범위: 임의대리, 법정대리 모두 적용
③ 중첩적용: 대리권 소멸 후의 표현대리가 성립한 경우에도 표현대리의 권한을 넘은 대리행위가 있을 때에도 성립 可

(2) 협의의 무권대리

> 제130조(무권대리) 대리권 없는 자가 타인의 대리인으로 한 계약은 본인이 이를 추인하지 아니하면 본인에 대하여 효력이 없다.

1) 본인과 상대방 사이의 효과
① 본인의 추인권
  ㉠ 추인의 방식 - 명시적·묵시적,
   - 추인의 상대방: 무권대리인, 무권대리행위의 상대방에 대하여도 할 수 있다.
  ㉡ 추인의 예

추인 긍정	추인 부정
ⓐ 무권대리인으로부터 매매대금의 전부 또는 일부를 본인이 수령한 경우 ⓑ 장남이 위조한 서류를 위조하여 매도한 부동산을 본인이 매수인에게 명도하고 이의를 제기하지 아니한 경우 ⓒ 처가 타인으로부터 금원을 차용하면서 남편 소유 부동산에 근저당권을 설정한 것을 알게 된 남편이 차후에 정산하기로 합의한 경우	ⓐ 단순히 침묵 ⓑ 무권대리행위를 알고도 장기간 형사고소를 하지 아니하였다는 사실만으로는 묵시적 추인 인정하지 ×

  ㉢ 추인의 범위: 전부에 대하여 행하여져야 한다. ※ 일부추인 不可
  ㉣ 추인의 효과

> 제133조(추인의 효력) 추인은 다른 의사표시가 없는 때에는 계약 시에 소급하여 그 효력이 생긴다. 그러나 제삼자의 권리를 해하지 못한다.

  ㉤ 무권리자 처분행위에 있어 다한 추인: 무권리자의 처분행위는 소급하여 유효
② 본인의 추인거절권

> 제132조(추인, 거절의 상대방) 추인 또는 거절의 의사표시는 상대방에 대하여 하지 아니하면 그 상대방에 대항하지 못한다. 그러나 상대방이 그 사실을 안 때에는 그러하지 아니하다.

  ㉠ 거절 후에는 본인은 추인할 수 없다.
  ㉡ 상속으로 인하여 무권대리인이 본인의 지위를 상속한 경우: 본인·무권대리인의 지위 병존
  ㉢ 본인의 지위에서 추인을 거절하는 것은 신의칙상 허용되지 않는다.
   ※ 무권대리인이 사망하면 본인기 본인 지위에서 추인 可

③ 상대방의 최고권

> 제131조(상대방의 최고권) 대리권 없는 자가 타인의 대리인으로 계약을 한 경우에 상대방은 상당한 기간을 정하여 본인에게 그 추인여부의 확답을 최고할 수 있다. 본인이 그 기간 내에 확답을 발하지 아니한 때에는 추인을 거절한 것으로 본다.

④ 상대방의 철회권

> 제134조(상대방의 철회권) 대리권 없는 자가 한 계약은 본인의 추인이 있을 때까지 상대방은 본인이나 그 대리인에 대하여 이를 철회할 수 있다. 그러나 계약 당시에 상대방이 대리권 없음을 안 때에는 그러하지 아니하다.

  ㉠ 본인의 추인 또는 추인거절이 있기 전일 것
  ㉡ 상대방이 선의일 것: 주장책임은 본인에게 있다.

2) 무권대리인과 상대방 사이의 효과 – 무권대리인 책임

> 제135조(상대방에 대한 무권대리인의 책임) ① 다른 자의 대리인으로서 계약을 맺은 자가 그 대리권을 증명하지 못하고 또 본인의 추인을 받지 못한 경우에는 그는 상대방의 선택에 따라 계약을 이행할 책임 또는 손해를 배상할 책임이 있다.
> ② 대리인으로서 계약을 맺은 자에게 대리권이 없다는 사실을 상대방이 알았거나 알 수 있었을 때 또는 대리인으로서 계약을 맺은 사람이 제한능력자일 때에는 제1항을 적용하지 아니한다.

① 요건
  ㉠ 대리인이 대리권을 증명할 수 없을 것
  ㉡ 대리인이 본인의 추인을 얻지 못하고, 표현대리가 성립하지 않을 것
  ㉢ 무권대리인이 행위능력자일 것
  ㉣ 무과실책임
  ㉤ 상대방은 선의, 무과실일 것

② 내용
  ㉠ 선택채권
  ㉡ 소멸시효의 기산점: 대리권의 증명 또는 본인의 추인을 얻지 못한 때

  > 판례 1. 채무불이행에 손해배상액의 예정에 관한 조항을 둔 때에는 무권대리인은 손해액을 지급하여야 한다.
  > 2. 상대방이 대리권 없음을 알았거나 알 수 있었다는 사실: 무권대리인이 증명 要

> **참고판례**
>
> [1] 다른 자의 대리인으로서 계약을 맺은 자가 그 대리권을 증명하지 못하고 또 본인의 추인을 받지 못한 경우에는 그는 상대방의 선택에 따라 계약을 이행할 책임 또는 손해를 배상할 책임이 있다(민법 제135조 제1항). **이때 상대방이 계약의 이행을 선택한 경우 무권대리인은 계약이 본인에게 효력이 발생하였더라면 본인이 상대방에게 부담하였을 것과 같은 내용의 채무를 이행할 책임이 있다. 무권대리인은 마치 자신이 계약의 당사자가 된 것처럼 계약에서 정한 채무를 이행할 책임을 지는 것이다. 무권대리인이 계약에서 정한 채무를 이행하지 않으면 상대방에게 채무불이행에 따른 손해를 배상할 책임을 진다. 위 계약에서 채무불이행에 대비하여 손해배상액의 예정에 관한 조항을 둔 때에는 특별한 사정이 없는 한 무권대리인은 조항에서 정한 바에 따라 산정한 손해액을 지급하여야 한다. 이 경우에도 손해배상액의 예정에 관한 민법 제398조가 적용됨은 물론이다.**
> [2] 민법 제135조 제2항은 '대리인으로서 계약을 맺은 자에게 대리권이 없다는 사실을 상대방이 알았거나 알 수 있었을 때에는 제1항을 적용하지 아니한다.'고 정하고 있다. **이는 무권대리인의 무과실책임에 관한 원칙 규정인 제1항에 대한 예외 규정이므로 상대방이 대리권이 없음을 알았다는 사실 또는 알 수 있었는데도 알지 못하였다는 사실에 관한 주장·증명책임은 무권대리인에게 있다**(대판 2018.6.28. 2018다210775).

4 법률행위의 무효와 취소

1. 무효

무효인 법률행위는 그 법률행위가 성립한 당초부터 당연히 효력이 발생하지 않는다.

> **판례** 무효인 법률행위에 채무불이행이 있다고 하여도 법률효과의 침해에 따른 손해는 없는 것이므로 그 손해배상을 청구할 수 없다. ※ 계약상 과실책임은 물을 수 있다.

(1) 확정적 무효와 불확정적(= 유동적) 무효

1) 유동적 무효인 법률행위의 효과

허가받기 전의 상태에서는 거래계약의 채권도 효력도 발생 ×, 어떠한 내용의 이행청구 불가
> **판례** 매수인은 허가가 있을 것을 조건으로 소유권이전등기절차의 이행을 청구 할 수 없다.

2) 협력의무

① 계약의 쌍방당사자는 공동으로 관할관청의 허가를 신청할 의무가 있고, 협력하지 않는 당사자에 대하여 상대방은 협력의무의 이행을 소송으로써 구할 이익이 있다.

② 가처분의 피보전권리: 토지거래허가신청절차청구권을 피보전권리로 하여 매매목적물의 처분을 금하는 가처분 가

③ 계약해제 여부: 협력의무의 불이행을 이유로 일방적으로 유동적 무효의 상태에 있는 거래계약 자체를 해제 불가

④ 손해배상 여부: 협력의무를 이행하지 아니하고 매수인이 일방적으로 철회함으로써 매도인이 손해를 입은 경우에 매수인은 협력의무 불이행과 인과관계가 있는 손해를 이를 배상하여야 할 의무가 있다.

3) 해약금 해제 또는 손해배상액의 예정 可

4) 부당이득의 반환

유동적 무효상태가 확정적으로 무효로 되었을 때 비로소 부당이득으로 반환을 구할 수 있다. but, 계약해제의 합의에는 의사표시를 명백히 한 것을 의미하므로 바로 반환청구를 할 수 있다.

5) 확정적 무효가 되는 경우

① 주장할 수 있는 자: 귀책사유가 있는 자라고 하더라도 그 계약의 무효 주장 可

② 정지조건부 계약의 경우: 허가 전 거래계약의 유동적 무효 상태가 지속된다고 볼 수 × ⇨ 무효

6) 관할 행정청으로부터 토지거래허가를 받을 필요가 없이 확정적으로 유효가 된 경우

당사자는 토지의 소유권 이행청구 可, 상대방도 반대급부 청구 可

(2) 법률행위의 일부무효

제137조(법률행위의 일부무효) 법률행위의 일부분이 무효인 때에는 그 전부를 무효로 한다. 그러나 그 무효부분이 없더라도 법률행위를 하였을 것이라고 인정될 때에는 나머지 부분은 무효가 되지 아니한다.

1) 분할이 인정되지 않는 경우

규제구역 내의 토지와 건물을 함께 매매한 경우

① 토지에 대한 매매거래 허가가 있기 전에 건물만의 소유권이전등기를 명할 수 있고

② 그렇지 않은 경우: 토지에 대한 거래허가가 있어 그 매매계약의 전부가 유효한 것으로 확정된 후에 토지와 함께 이전등기를 하여야 한다.

(3) 무효행위의 전환

제138조(무효행위의 전환) 무효인 법률행위가 다른 법률행위의 요건을 구비하고 당사자가 그 무효를 알았더라면 다른 법률행위를 하는 것을 의욕하였으리라고 인정될 때에는 다른 법률행위로서 효력을 가진다.

[판례] 1. 입양: 입양 요건을 구비하지 않은 상태에서 입양의 의사로 친생자신고를 하였다 하더라도 입양신고의 효력이 생기지 아니한다.
2. 제104조 위반의 법률행위: 불공정한 법률행위에 해당하여 무효인 경우에도 무효행위의 전환에 관한 민법 제138조가 적용될 수 있다.

(4) 무효행위의 추인

> 제139조(무효행위의 추인) 무효인 법률행위는 추인하여도 그 효력이 생기지 아니한다. 그러나 당사자가 그 무효임을 알고 추인한 때에는 새로운 법률행위로 본다.

① 무효행위의 추인은 그때부터 유효하게 되는 것으로 소급효 인정되지 않는다.
② 당사자가 이전의 법률행위가 존재함을 알고 그 유효함을 전제로 하여 이에 터 잡은 후속행위를 하였다고 해서 그것만으로 이전의 법률행위를 묵시적으로 추인하였다고 단정할 수는 없고, 묵시적 추인을 인정하기 위해서는 이전의 법률행위가 **무효임을 알거나 적어도 무효임을 의심하면서도 그 행위의 효과를 자기에게 귀속시키도록 하는 의사로 후속행위를 하였음이 인정되어야 할 것**

2. 취소

(1) 취소권자

> 제140조(법률행위의 취소권자) 취소할 수 있는 법률행위는 제한능력자, 착오로 인하거나 사기·강박에 의하여 의사표시를 한 자, 그의 대리인 또는 승계인만이 취소할 수 있다.

① 대리인: 법정대리인을 말하여 임의대리인은 본인으로부터 특별수권 要
② 승계인: 포괄승계인, 특정승계인 포함, 취소권만의 승계는 불가능

(2) 취소의 효과

> 제141조(취소의 효과) 취소된 법률행위는 처음부터 무효인 것으로 본다. 다만, 제한능력자는 그 행위로 인하여 받은 이익이 현존하는 한도에서 상환(상환)할 책임이 있다.

1) 처음부터 무효인 것으로 간주
   but, 근로계약의 취소는 장래효만 인정
2) 제한능력자의 반환 범위
   의사능력의 흠결을 이유로 법률행위가 무효가 되는 경우에도 유추적용 ⇨ "금전"상의 이득인 경우: 소비 불문하고 현존하는 것으로 추정, 현존하지 아니함은 의사무능력자 측에 증명책임 有
3) 반환 범위 [判]
   ① 선의점유자: 선의의 매수인에게 제201조 적용하여 사용이익을 반환하지 않아도 된다.
   ② 쌍무계약이 취소된 경우 선의매도인: 제201조 적용 ⇨ 제587조 유추적용(대금의 운용이익 내지 법정이자의 반환 부정)
   ③ 계약해제 시
      ㉠ 매도인: 반환할 금전에 그 받은 날로부터 이자를 가하여 반환
      ㉡ 매수인: 반환할 물건의 사용이익 반환

(3) 추인

1) 요건

① 추인권자(제143조): 제140조에 규정한 자가 추인할 수 있고, 추인 후에는 취소하지 못한다.
　㈎ 취소권자가 여러 명인 경우 1인이 추인하면 다른 취소권자는 취소할 수 없다.

② 취소원인의 종료

> 제144조(추인의 요건) ① 추인은 취소의 원인이 소멸된 후에 하여야만 효력이 있다.
> ② 제1항은 법정대리인 또는 후견인이 추인하는 경우에는 적용하지 아니한다.

③ 취소할 수 있는 행위에 대한 인식 要

2) 효과

취소한 법률행위는 처음부터 무효인 것

> 판례 법률행위가 일단 취소된 이상 그 후에는 취소할 수 있는 법률행위의 추인에 의하여 이미 취소되어 무효인 것으로 간주된 당초의 의사표시를 다시 확정적으로 유효하게 할 수 없다.

3) 법정추인

> 제145조(법정추인) 취소할 수 있는 법률행위에 관하여 전조의 규정에 의하여 추인할 수 있는 후에 다음 각호의 사유가 있으면 추인한 것으로 본다. 그러나 이의를 보류한 때에는 그러하지 아니하다.
> 1. 전부나 일부의 이행
> 2. 이행의 청구
> 3. 경개
> 4. 담보의 제공
> 5. 취소할 수 있는 행위로 취득한 권리의 전부나 일부의 양도
> 6. 강제집행

① 제2호: 취소권자가 청구한 경우에 한하며, 상대방으로부터 청구 받은 경우는 포함되지 ×

② 제5호: 취소권자가 양도한 경우에 한하며, 취득한 권리에 제한물권 설정하는 경우도 포함 but, 취소함으로써 발생하게 될 장래의 채권에 대한 양도는 포함되지 않는다.

③ 제6호: 채권자로서 집행하는 경우와 취소권자가 채무자로서 집행을 받는 경우 포함

(4) 취소권의 소멸

> 제146조(취소권의 소멸) 취소권은 추인할 수 있는 날로부터 3년내에 법률행위를 한 날로부터 10년 내에 행사하여야 한다.

제척기간, 형성권 행사 시부터 개별적 진행

① 제소 전 화해를 하여 화해조서에 기하여 소유권이전등기가 경료된 경우: 제척기간의 기산점은 제소 전 화해조서를 취소하는 준재심사건 판결의 확정일이다.

② 제척기간의 도과 판: 취소권을 행사하지 않은 채 부동산을 제3자에게 이중양도 하고 제척기간 도과한 후 제3자에게 등기를 경료 함으로서 피고가 원고에 대한 의무를 이행불능케 한 경우, 피고의 이중양도 행위가 사회상규에 위배되지 않는 정당행위 등에 해당하여 위법성이 조각되지 ✕

5 법률행위의 부관

1. 조건 – 장래효 (예외) 소급효

> 제147조(조건성취의 효과) ① 정지조건있는 법률행위는 조건이 성취한 때로부터 그 효력이 생긴다.
> ② 해제조건있는 법률행위는 조건이 성취한 때로부터 그 효력을 잃는다.
> ③ 당사자가 조건성취의 효력을 그 성취전에 소급하게 할 의사를 표시한 때에는 그 의사에 의한다.

(1) 조건의 종류

1) 해제조건부 법률행위

   판례 1. 공장부지에 편입되지 아니한 부분을 매도인에게 원가로 반환한다는 약정
   2. 건축허가신청이 불허되었을 때에는 이를 무효로 한다는 약정

2) 불법조건

   > 제151조(불법조건, 기성조건) ① 조건이 선량한 풍속 기타 사회질서에 위반한 것인 때에는 그 법률행위는 무효로 한다.
   > ② 조건이 법률행위의 당시 이미 성취한 것인 경우에는 그 조건이 정지조건이면 조건없는 법률행위로 하고 해제조건이면 그 법률행위는 무효로 한다.
   > ③ 조건이 법률행위의 당시에 이미 성취할 수 없는 것인 경우에는 그 조건이 해제조건이면 조건없는 법률행위로 하고 정지조건이면 그 법률행위는 무효로 한다.

3) 기성조건: 정지조건부 화해계약 당시 이미 그 조건이 성취되었다면 조건 없는 화해계약이 된다.

(2) 조건이 불가한 행위

1) 단독행위

   ① 원칙: 단독행위는 원칙적으로 조건을 붙일 수 없음. 예를 들어 취소, 해제·해지, 추인, 상계, 철회, 선택채권의 선택, 환매 및 주식청약 등이 이에 속함
   ② 예외: 예외적으로 상대방의 동의가 있는 경우, 채무면제, 유증 등(상대방에게 이익만을 주거나 상대방의 지위를 불안케 할 염려가 없는 행위)과 상대방이 결정할 수 있는 사실을 조건으로 한 경우에는 상대방의 지위나 이익을 해하지 않으므로 단독행위에도 조건을 붙일 수 있음. 예를 들어 계약 당사자 일방이 이행지체에 빠진 상대방에 대하여 일정한 기간을 정하여 채무이행을 최고함과 동시에 그 기간 내에 이행이 없을 시에는 계약을 해제하겠다는 정지조건부 계약해제의 의사표시는 조건이 가능. <u>일정한 유예기간의 경과로 해제권이 발생하고 동시에 그 계약은 해제된다</u>(대판 1970.9.29. 70다1508).

2) 가족법상 행위(혼인, 입양 등) - 예외: 유언

> 제1073조(유언의 효력발생시기) ② 유언에 정지조건이 있는 경우에 그 조건이 유언자의 사망 후에 성취한 때에는 그 조건성취한 때로부터 유언의 효력이 생긴다.

3) 어음, 수표 행위

어음·수표의 발행, 배서 등이 이에 속한다. 이 경우 어음법과 수표법상 배서에 붙인 조건은 이를 기재하지 아니한 것으로 보므로(어음법 제12조 제1항, 제77조 제1항, 수표법 제15조 제1항), 조건이 없는 어음 및 수표행위로서 효력을 발생한다. 다만 예외적으로 어음보증은 조건을 붙일 수 있다(대판 1986.9.9. 84다카2310).

(3) 조건의 성취 및 불성취

① 증명책임: 법률효과의 발생을 다투려는 자에게 증명책임 有

② 조건의 성취 判: 약혼예물의 수수는 <u>혼인 불성립을 해제조건으로 하는</u> 증여와 유사한 성질로 예물반환의무 인정. 비록 혼인 파탄의 원인이 며느리에게 있더라도 혼인이 상당 기간 계속된 이상 약혼 예물의 소유권은 며느리에게 있다.

(4) 조건부 권리의 처분 등

> 제149조(조건부권리의 처분 등) 조건의 성취가 미정한 권리의무는 일반규정에 의하여 처분, 상속, 보존 또는 담보로 할 수 있다.

(5) 신의칙과 조건성취, 불성취

> 제150조(조건성취, 불성취에 대한 반신의행위) ① 조건의 성취로 인하여 불이익을 받을 당사자가 신의성실에 반하여 조건의 성취를 방해한 때에는 상대방은 그 조건이 성취한 것으로 주장할 수 있다.
> ② 조건의 성취로 인하여 이익을 받을 당사자가 신의성실에 반하여 조건을 성취시킨 때에는 상대방은 그 조건이 성취하지 아니한 것으로 주장할 수 있다.

상대방이 하도급 받은 부분에 대한 공사를 완공하여 준공필증을 제출하는 것을 정지조건으로 하여 공사대금채무를 부담하거나 위 채무를 보증한 사람은 위 조건의 성취로 인하여 불이익을 받을 당사자의 지위에 있다고 할 것이므로, 이들이 위 공사에 필요한 시설을 해주지 않았을 뿐만 아니라 공사장에의 출입을 통제함으로써 위 상대방으로 하여금 나머지 공사를 수행할 수 없게 하였다면, 그것이 고의에 의한 경우만이 아니라 과실에 의한 경우에도 신의성실에 반하여 조건의 성취를 방해한 때에 해당한다고 할 것이므로, 그 상대방은 민법 제150조 제1항의 규정에 의하여 위 공사대금 채무자 및 보증인에 대하여 그 조건이 성취된 것으로 주장할 수 있다(대판 1998.12.22. 98다42356). 그리고 조건의 성취로 인하여 불이익을 받을 당사자가 신의성실에 반하여 조건의 성취를 방해한 경우, <u>조건이 성취된 것으로 의제되는 시점은 이러한 신의성실에 반하는 행위가 없었더라면 조건이 성취되었으리라고 추산되는 시점</u>이다.

2. 기한

> 제152조(기한도래의 효과) ① 시기 있는 법률행위는 기한이 도래한 때로부터 그 효력이 생긴다.
> ② 종기 있는 법률행위는 기한이 도래한 때로부터 그 효력을 잃는다.

(1) 기한과 조건의 구별

① 조건: 소급효 인정 VS 기한: 장래효(소급효 ×)
② 채무의 관하여 일정한 사실이 부관으로 붙여진 경우: 사실이 발생한 때뿐만 아니라 발생이 불가능하게 된 때에도 이행기한은 도래한 것으로 본다.
③ 도급계약이 해제된 경우 지체상금발생
  ㉠ 시기: 완공기한 다음날
  ㉡ 종기: 도급인이 이를 해제할 수 있었을 때(실제로 해제한 때가 아님)를 기준으로 하여 도급인이 다른 업자에게 의뢰하여 같은 건물을 완공할 수 있었던 시점

(2) 기한의 이익과 포기

> 제153조(기한의 이익과 그 포기) ① 기한은 채무자의 이익을 위한 것으로 추정한다.
> ② 기한의 이익은 이를 포기할 수 있다. 그러나 상대방의 이익을 해하지 못한다.
> 제388조(기한의 이익의 상실) 채무자는 다음 각호의 경우에는 기한의 이익을 주장하지 못한다.
> 1. 채무자가 담보를 손상, 감소 또는 멸실하게 한 때
> 2. 채무자가 담보제공의 의무를 이행하지 아니한 때

기한이익 상실의 특약은 그 내용에 의하여 일정한 사유가 발생하면 채권자의 청구 등을 요함이 없이 당연히 기한의 이익이 상실되어 이행기가 도래하는 것으로 하는 정지조건부 기한이익 상실의 특약과 일정한 사유가 발생한 후 채권자의 통지나 청구 등 채권자의 의사행위를 기다려 비로소 이행기가 도래하는 것으로 하는 형성권적 기한이익 상실의 특약의 두 가지로 대별할 수 있고, <u>기한이익 상실의 특약이 위의 양자 중 어느 것에 해당하느냐는 당사자의 의사해석의 문제이지만 일반적으로 기한이익 상실의 특약이 채권자를 위하여 둔 것인 점에 비추어 명백히 정지조건부 기한이익 상실의 특약이라고 볼 만한 특별한 사정이 없는 이상 형성권적 기한이익 상실의 특약으로 추정하는 것이 타당</u>하다(대판 2002.9.4. 2002다28340).

 05 기간

1 기간의 의의

제155조(본장의 적용범위) 기간의 계산은 법령, 재판상의 처분 또는 법률행위에 다른 정한 바가 없으면 본장의 규정에 의한다.

기간에 관한 민법 규정은 사법관계뿐만 아니라 공법관계에도 적용된다(대판 1967.5.23. 67누50 등).

2 기간의 계산방법

1. 자연적 계산법

제156조(기간의 기산점) 기간을 시, 분, 초로 정한 때에는 즉시로부터 기산한다.

시간을 단위로 하여 정한 기간에 관해서는 자연적 계산방법을 택한다.

2. 역법적 계산법

(1) 기산점

제157조(기간의 기산점) 기간을 일, 주, 월 또는 연으로 정한 때에는 기간의 초일은 산입하지 아니한다. 그러나 그 기간이 오전영시로부터 시작하는 때에는 그러하지 아니하다.
제158조(나이의 계산과 표시) 나이는 출생일을 산입하여 만(滿) 나이로 계산하고, 연수(年數)로 표시한다. 다만, 1세에 이르지 아니한 경우에는 월수(月數)로 표시할 수 있다.

1) 초일불산입의 원칙

평균임금의 계산에 있어서는 퇴직사유가 발생한 날은 산입하지 않는다. 즉 초일은 산입하지 않는다(제157조).

2) 예외

행정소송기간의 초일(대판 1966.7.12. 66누48)은 산입한다. 농지개혁법상 분배농지일람표의 종람공고기간의 초일(대판 1970.11.30. 70다1967)은 산입한다. 구 국회의원선거법상 '선거공고일로부터'의 의미는 오전 0시를 의미 한다(대판 1989.3.10. 88수85). 연령계산의 경우에도 출생일(초일)을 산입한다[4]. 따라서 가족관계증명서에 기록할 출생 또는 사망 등을 신고하는 경우의 신고기간은 신고사건 발생일로부터 기산한다(가족관계의 등록 등에 관한 법률 제37조).

(2) 만료점

> **제159조(기간의 만료점)** 기간을 일, 주, 월 또는 연으로 정한 때에는 기간말일의 종료로 기간이 만료한다.

1) 기간의 만료점

대한석탄공사에 피용 된 채탄부의 정년이 53세라함은 만 53세에 도달하는 날을 말하는 것이라고 보는 것이 상당하다(대판 1973.6.12. 71다2669).

2) 역에 의한 계산

> **제160조(역에 의한 계산)** ① 기간을 주, 월 또는 연으로 정한 때에는 역에 의하여 계산한다.
> ② 주, 월 또는 연의 처음으로부터 기간을 기산하지 아니하는 때에는 최후의 주, 월 또는 연에서 그 기산일에 해당한 날의 전일로 기간이 만료한다.
> ③ 월 또는 연으로 정한 경우에 최종의 월에 해당일이 없는 때에는 그 월의 말일로 기간이 만료한다.
>
> **제161조(공휴일 등과 기간의 만료점)** 기간의 말일이 토요일 또는 공휴일에 해당한 때에는 기간은 그 익일로 만료한다.

3) 공휴일과 만료점

공휴일이란 국경일·일요일을 비롯한 휴일을 말하며, 공휴일에는 임시공휴일이 포함된다(대판 1964.5.26. 63다958). 민법 제161조가 정하는 기간의 말일이 공휴일에 해당한 때에는 기간은 그 익일로 만료한다는 규정의 취지는 명문이 정하는 바와 같이 기간의 말일이 공휴일인 경우를 정하는 것이고, 이는 기간의 만료일이 공휴일에 해당함으로써 발생할 불이익을 막자고 함에 그 뜻이 있는 것이므로 기간 기산의 초일은 이의 적용이 없다고 풀이하여야 할 것이다(대판 1982.2.23. 81누204). 이 규정은 즉시항고기간(대결 1964.6.30. 64마437), 항소기간(대판 1967.10.13. 67다1895), 세법상의 재심사결정기간(대판 1968.3.19. 67누100), 이의신청기간(대판 1987.10.13. 87누53) 등에 적용된다. 채무불변제를 정지조건으로 한 매매계약에서 변제기가 공휴일인 경우에는 특약이 없는 이상 제161조를 준용하여 그 변제기가 그 익일까지 연장된다(대판 1980.12.9. 80다1717·1718).

---

[4] 1993년 6월 30일 오전 5시에 출생한 자가 성년이 되는 때는 2012년 6월 30일 오전 0시이다. (O): 2013.7.1.부터 시행되고 있는 현행 민법에서는 사람은 19세로 성년에 이르게 된다(제4조). 그리고 연령계산에는 출생일을 산입한다(제158조). 따라서 이에 따라 계산하면 초일을 산입하므로 1993.6.30.이 기산점이 되고, 19년을 더하면 2012.6.30.이 되지만 전일로 만료하므로, 2012.6.29. 24시, 즉 2012.6.30. 0시에 성년이 된다.

3. 기간역산의 경우

기산일로부터 소급하여 계산되는 기간의 계산방법에 대하여 민법의 기간계산방법에 관한 규정이 준용되어야 한다(통설, 대판 1989.4.11. 87다카2901). 예를 들어 사단법인의 사원총회를 1주일 전에 통지한다고 할 때에 총회일이 10월 19일이라면 늦어도 10월 11일 자정까지는 사원에게 총회소집통지가 발신되어야 한다. 즉 10월 18일이 기산일이고, 12일 오전 0시로 만료된다. 따라서 늦어도 11일 오후 12시까지는 소집통지를 발송하여야 한다(제71조).

06 소멸시효

1 서설

1. 근거

시효제도의 존재이유는 영속된 사실상태를 존중하며 권리 위에 잠자는 자를 보호하지 않는다는 데 있고, 특히 소멸시효에 있어서는 후자의 의미가 강하다(대판 1992.3.31. 91다32053 전합).

2. 포함 여부

> 제245조(점유로 인한 부동산소유권의 취득기간) ① 20년간 소유의 의사로 평온, 공연하게 부동산을 점유하는 자는 등기함으로써 그 소유권을 취득한다.
> ② 부동산의 소유자로 등기한 자가 10년간 소유의 의사로 평온, 공연하게 선의이며 과실 없이 그 부동산을 점유한 때에는 소유권을 취득한다.
> 제246조(점유로 인한 동산소유권의 취득기간) ① 10년간 소유의 의사로 평온, 공연하게 동산을 점유한 자는 그 소유권을 취득한다(일반취득시효).
> ② 전항의 점유가 선의이며 과실 없이 개시된 경우에는 5년을 경과함으로써 그 소유권을 취득한다(단기취득시효).

시효취득의 주장 속에는 상대방의 청구권이 시효소멸하였다는 주장이 포함되어 있지 않다(대판 1982. 2.9. 81다534).

3. 제척기간과의 비교

구분	소멸시효	제척기간
대상	청구권	형성권
기산점	권리를 행사할 수 있는 때(제166조)	권리가 발생한 때
소급효	소급효 O(제167조)	소급효 ×, 장래에 향하여 소멸
중단제도	O (제168조)	제척기간에 관하여는 중단제도 적용 × (대판 2003.1.10. 2000다26425)
정지제도	O (제179조 ~ 제182조)	×, 단 제182조의 적용여부에 관하여 긍정설, 부정설 대립
시효이익포기	可能(제184조 제1항)	不可
기간 단축 여부	특약으로 단축, 감경 가능 (연장, 가중은 불가)(제184조 제2항)	단축, 감경도 불가능

효과	권리 소멸(절대적 소멸설)	권리 소멸
직권조사사항	항변사항	직권조사사항

제564조(매매의 일방예약) ① 매매의 일방예약은 <u>상대방이 매매를 완결할 의사를 표시하는 때에 매매의 효력</u>이 생긴다.
② 전항의 의사표시의 기간을 정하지 아니한 때에는 예약자는 상당한 기간을 정하여 매매완결여부의 확답을 상대방에게 최고할 수 있다.
③ 예약자가 전항의 기간 내에 확답을 받지 못한 때에는 예약은 그 효력을 잃는다.

> **참고** 매매예약완결권
>
> 매매의 일방예약에서 예약자의 상대방이 매매예약 완결의 의사표시를 하여 매매의 효력을 생기게 하는 권리, 즉 **매매예약의 완결권은 일종의 형성권으로서 당사자 사이에 그 행사기간을 약정한 때에는 그 기간 내에, 그러한 약정이 없는 때에는 그 예약이 성립한 때로부터 10년 내에 이를 행사하여야 하고, 그 기간을 지난 때에는 예약 완결권은 제척기간의 경과로 인하여 소멸**한다. 제척기간은 권리자로 하여금 당해 권리를 신속하게 행사하도록 함으로써 법률관계를 조속히 확정시키려는 데 그 제도의 취지가 있는 것으로서, 소멸시효가 일정한 기간의 경과와 권리의 불행사라는 사정에 의하여 권리 소멸의 효과를 가져 오는 것과는 달리 그 기간의 경과 자체만으로 곧 권리 소멸의 효과를 가져 오게 하는 것이므로 그 기간 진행의 기산점은 특별한 사정이 없는 한 **원칙적으로 권리가 발생한 때이고, 당사자 사이에 매매예약 완결권을 행사할 수 있는 시기를 특별히 약정한 경우에도 그 제척기간은 당초 권리의 발생일로부터 10년간의 기간이 경과되면 만료되는 것이지 그 기간을 넘어서 그 약정에 따라 권리를 행사할 수 있는 때로부터 10년이 되는 날까지로 연장된다고 볼 수 없다**(대판 1995.11.10. 94다22682·22699).

> **참고** 시효이익의 포기
>
> 상법 제814조 제1항[5])에서 정한 제척기간이 지난 뒤에 그 기간 경과의 이익을 받는 당사자가 기간이 지난 사실을 알면서도 기간 경과로 인한 법적 이익을 받지 않겠다는 의사를 명확히 표시한 경우에는, 소멸시효 완성 후 이익의 포기에 관한 민법 제184조 제1항을 유추적용하여 제척기간 경과로 인한 권리소멸의 이익을 포기하였다고 인정할 수 있다. (　　)
>
> 답: ○

해설
대판 2022.6.9. 2017다247848

---

5) **제814조(운송인의 채권·채무의 소멸)** ① 운송인의 송하인 또는 수하인에 대한 채권 및 채무는 그 청구원인의 여하에 불구하고 운송인이 수하인에게 운송물을 인도한 날 또는 인도할 날부터 1년 이내에 재판상 청구가 없으면 소멸한다. 다만, 이 기간은 당사자의 합의에 의하여 연장할 수 있다.

2 소멸시효 요건

1. 채권 및 재산권

제162조(채권, 재산권의 소멸시효) ① 채권은 10년간 행사하지 아니하면 소멸시효가 완성한다.
② 채권 및 소유권 이외의 재산권은 20년간 행사하지 아니하면 소멸시효가 완성한다.

2. 소멸시효에 걸리지 않는 권리

① 소유권
② 물권적 청구권   판례 매매계약이 합의해제된 경우 원상회복청구권
③ 담보물권 예 유치권, 질권, 저당권
④ 형성권

3. 등기청구권

(1) 원칙

채권적 청구권으로서 10년 소멸시효 걸린다.

(2) 예외

소멸시효 걸리지 않는다.
① 토지를 인도받아 사용, 수익하고 있는 경우
② 매수인이 사용, 수익하다가 타인에게 그 부동산을 처분하고 점유를 승계해 준 경우

4. 3년의 단기 소멸시효

제163조(3년의 단기소멸시효) 다음 각호의 채권은 3년간 행사하지 아니하면 소멸시효가 완성한다.
1. 이자, 부양료, 급료, 사용료 기타 1년 이내의 기간으로 정한 금전 또는 물건의 지급을 목적으로 한 채권
2. 의사, 조산사, 간호사 및 약사의 치료 근로 및 조제에 관한 채권
3. 도급받은 자, 기사 기타 공사의 설계 또는 감독에 종사하는 자의 공사에 관한 채권
4. 변호사, 변리사, 공증인, 공인회계사 및 법무사에 대한 직무상 보관한 서류의 반환을 청구하는 채권
5. 변호사, 변리사, 공증인, 공인회계사 및 법무사의 직무에 관한 채권
6. 생산자 및 상인이 판매한 생산물 및 상품의 대가
7. 수공업자 및 제조자의 업무에 관한 채권

민법 제163조 제5호에서 정하고 있는 '변호사, 변리사, 공증인, 공인회계사 및 법무사의 직무에 관한 채권'에만 3년의 단기 소멸시효가 적용되고, 세무사와 같이 그들의 직무와 유사한 직무를 수행하는 다른 자격사의 직무에 관한 채권에 대하여는 민법 제163조 제5호가 유추적용된다고 볼 수 없다[6](대판 2022.8.25. 2021다311111). 그리고 세무사를 상법 제4조 또는 제5조 제1항이 규정하는 상인이라고 볼 수 없고, 세무사의 직무에 관한 채권이 상사채권에 해당한다고 볼 수 없으므로, 세무사의 직무에 관한 채권에 대하여는 민법 제162조 제1항에 따라 10년의 소멸시효가 적용된다[7](대판 2022.8.25. 2021다311111).

예상문제

3년의 소멸시효에 걸리는 채권에 관한 설명 중 옳지 않은 것은? (다툼이 있는 경우 판례에 의함)

① 금전채무의 이행지체로 인한 지연손해금채권도 이자채권에 해당한다.
② 변제기가 1년 이내인 채권은 1년 이내의 기간으로 정한 채권에 해당하지 않는다.
③ 도급받은 자의 공사에 관한 채권에는 공사대금채권뿐만 아니라 그 공사에 부수되는 채권도 포함된다.
④ 전기요금채권은 생산자 및 상인이 판매한 생산물 및 상품의 대가에 해당한다.

답: ①

해설

① [×] 제163조 제1호 소정의 1년 이내의 기간으로 정한 채권이란 1년 이내의 정기에 지급되는 채권을 의미한다고 하고 지연손해금은 민법 제163조 제1호 소정의 1년 이내의 기간으로 정한 이자에 해당되지 않으며 본래의 원본채권과 동일성을 유지한다(대판 1991.5.14. 91다7156).
② [○] 민법 제163조 제1호 소정의 '1년 이내의 기간으로 정한 금전 또는 물건의 지급을 목적으로 하는 채권'이란 1년 이내의 정기에 지급되는 채권을 의미하는 것이지, 변제기가 1년 이내의 채권을 말하는 것이 아니므로, 이자채권이라고 하더라도 1년 이내의 정기에 지급하기로 한 것이 아닌 이상 위 규정 소정의 3년의 단기소멸시효에 걸리는 것이 아니다(대판 1996.9.20. 96다25302).
③ [○] 제1, 2차 홍수피해로 인한 각 추가비용청구채권에 관한 소멸시효에 대하여 민법 제163조 제3호는 3년의 단기소멸시효에 걸리는 채권으로서 "도급을 받은 자의 공사에 관한 채권"을 들고 있는바, 여기에서 "채권"은 도급받은 공사의 공사대금채권뿐만 아니라 그 공사에 부수되는 채권도 포함하는 것이다(대판 2002.11.8. 2002다28685).
④ [○] 전기업자가 공급하는 전력의 대가인 전기요금채권은 민법 제163조 제6호의 '생산자 및 상인이 판매한 생산물 및 상품의 대가'에 해당하므로, 3년간 이를 행사하지 아니하면 소멸시효가 완성된다(대판 2014.10.6. 2013다84940).

---

6) 민법은 1958.2.22. 법률 제471호로 제정되면서 제163조를 두어 3년의 단기 소멸시효가 적용되는 채권을 규정하였고, 그중 제5호에서는 '변호사, 변리사, 공증인, 계리사 및 사법서사의 직무에 관한 채권'을 규정하였다. 그 후 민법이 1997.12.13. 법률 제5431호로 개정되면서 계리사를 공인회계사로, 사법서사를 법무사로 법령에 맞게 용어를 바꾸었을 뿐 그 내용의 변경은 없었다. 한편 세무사 제도는 민법 제정 이후인 1961.9.9. 법률 제712호로 세무사법이 제정되면서 마련되었다. 이러한 법령의 제·개정 경과 및 단기 소멸시효를 규정하고 있는 취지에다가 '직무에 관한 채권'은 직무의 내용이 아닌 직무를 수행하는 주체의 관점에서 보아야 하는 점, 민법 제163조 제5호에서 정하고 있는 자격사 외의 다른 자격사의 직무에 관한 채권에도 단기 소멸시효 규정이 유추적용된다고 해석한다면 어떤 채권이 그 적용대상이 되는지 불명확하게 되어 법적 안정성을 해하게 되는 점 등을 종합적으로 고려하면…(하략)
7) 세무사의 직무에 관하여 고도의 공공성과 윤리성을 강조하고 있는 세무사법의 여러 규정에 비추어 보면, 개별 사안에 따라 전문적인 세무지식을 활용하여 직무를 수행하는 세무사의 활동은 간이·신속하고 외관을 중시하는 정형적인 영업활동, 자유로운 광고·선전을 통한 영업의 활성화 도모, 인적·물적 영업기반의 자유로운 확충을 통한 최대한의 효율적인 영리 추구 허용 등을 특징으로 하는 상인의 영업활동과는 본질적으로 차이가 있다. 그리고 세무사의 직무와 관련하여 형성된 법률관계에 대하여는 상인의 영업활동 및 그로 인해 형성된 법률관계와 동일하게 상법을 적용하여야 할 특별한 사회경제적 필요 내지 요청이 있다고 볼 수도 없다.

5. 1년의 단기소멸시효

> 제164조(1년의 단기소멸시효) 다음 각 호의 채권은 1년간 행사하지 아니하면 소멸시효가 완성한다.
> 1. 여관, 음식점, 대석, 오락장의 숙박료, 음식료, 대석료, 입장료, 소비물의 대가 및 체당금의 채권
> 2. 의복, 침구, 장구 기타 동산의 사용료의 채권
> 3. 노역인, 연예인의 임금 및 그에 공급한 물건의 대금채권
> 4. 학생 및 수업자의 교육, 의식 및 유숙에 관한 교주, 숙주, 교사의 채권
>
> 상법 제64조(상사시효) 상행위로 인한 채권은 본법에 다른 규정이 없는 때에는 5년간 행사하지 아니하면 소멸시효가 완성한다. 그러나 다른 법령에 이보다 단기의 시효의 규정이 있는 때에는 그 규정에 의한다.

일정한 채권의 소멸시효기간에 관하여 이를 특별히 1년의 단기로 정하는 민법 제164조는 그 각 호에서 개별적으로 정하여진 채권의 채권자가 그 채권의 발생원인이 된 계약에 기하여 상대방에 대하여 부담하는 반대채무에 대하여는 적용되지 아니한다.

∴ 그 채권의 상대방이 그 계약에 기하여 가지는 반대채권은 원칙으로 돌아가, 다른 특별한 사정이 없는 한 민법 제162조 제1항에서 정하는 10년의 일반소멸시효기간의 적용을 받는다(대판 2013.11.14. 2013다65178). 그리고 건설업을 하는 甲 주식회사가 공사에 투입한 인원이 공사 기간 중에 리조트의 객실과 식당을 사용한 데에 대한 사용료를 乙에게 매월 말 지급하기로 약정하였는데, 숙박료와 음식료로 구성되어 있는 위 리조트 사용료 채권의 소멸시효기간은 1년이다[8](대판 2020.2.13. 2019다271012).

6. 판결 등에 의하여 확정된 채권의 소멸시효

> 제165조(판결 등에 의하여 확정된 채권의 소멸시효) ① 판결에 의하여 확정된 채권은 단기의 소멸시효에 해당한 것이라도 그 소멸시효는 10년으로 한다.
> ② 파산절차에 의하여 확정된 채권 및 재판상의 화해, 조정 기타 판결과 동일한 효력이 있는 것에 의하여 확정된 채권도 전항과 같다.
> ③ 전2항의 규정은 판결 확정 당시에 변제기가 도래하지 아니한 채권에 적용하지 아니한다.

7. 소멸시효 기산점

> 제166조(소멸시효의 기산점) ① 소멸시효는 권리를 행사할 수 있는 때로부터 진행한다.
> ② 부작위를 목적으로 하는 채권의 소멸시효는 위반행위를 한 때로부터 진행한다.

---

[8] 민법 제164조 제1호는 여관, 음식점, 대석, 오락장의 숙박료, 음식료, 대석료, 입장료, 소비물의 대가 및 체당금의 채권은 1년간 행사하지 아니하면 소멸시효가 완성한다고 특별히 규정하고 있으므로, 甲 회사가 리조트 사용료를 월 단위로 지급하기로 약정하였더라도, 리조트 사용료 채권은 민법 제164조 제1호에 정한 '숙박료 및 음식료 채권'으로서 소멸시효기간은 1년이라는 이유로, 이와 달리 민법 제163조 제1호의 '사용료 기타 1년 이내의 기간으로 정한 금전의 지급을 목적으로 한 채권'으로서 소멸시효기간이 3년이라고 본 원심판결을 파기한 사례

(1) 변론주의 적용 여부

소멸시효의 기산일: 변론주의 적용대상 ⇨ 법원은 당사자가 주장하는 기산일을 기준으로 한다.
※ 소멸시효 '기간': 법률상의 주장, 변론주의 적용 대상 ✕ ⇨ 직권으로 판단, 취득시효 기산일: 직권 판단

(2) 보증금반환청구권

주택임대차보호법에 따른 임대차에서 그 기간이 끝난 후 임차인이 보증금을 반환받기 위해 목적물을 점유하고 있는 경우 보증금반환채권에 대한 소멸시효는 진행하지 않는다고 보아야 한다(대판 2020.7.9. 2016다244224·244231).

(3) 양육비지급청구권

"이혼한 부부 사이에서 어느 일방이 과거에 미성년 자녀를 양육하면서 생긴 비용의 상환을 상대방에게 청구하는 경우, 자녀의 복리를 위해 실현되어야 하는 과거 양육비에 관한 권리의 성질상 그 권리의 소멸시효는 자녀가 미성년이어서 양육 의무가 계속되는 동안에는 진행하지 않고 자녀가 성년이 되어 양육 의무가 종료된 때부터 진행한다고 보아야 한다(대결 2024.7.18. 2018스724 전합)."고 하여 기존의 판례 변경[9].

(4) 소멸시효와 이행지체

구분	소멸시효(객관적)	이행지체(주관적)
확정기한	이행기가 도래한 때	기한이 도래한 때
불확정기한	기한이 객관적으로 도래한 때	채무자가 기한이 도래함을 안 때
기한의 정함이 없는 경우	1. 원칙: 채권이 성립한 때 2. 예외: 소비대차의 경우 계약 성립 시부터 상당한 기간이 경과한 때(제603조 제2항)	1. 원칙: 채무자가 이행청구를 받은 때 2. 예외 ① 소비대차의 경우 상당한 기간을 정하지 않고 최고한 때에는 최고한 때로부터 상당한 기간이 경과한 후 (제603조 제2항) ② 불법행위에 의한 손해배상채무는 불법행위 시(즉, 그 당일부터)

---

[9] 자녀가 성년이 되어 양육의무가 종료된 후에도 당사자의 협의 또는 가정법원의 심판에 의하여 구체적인 지급청구권으로서 성립하기 전에는 과거 양육비에 관한 권리에 대하여 소멸시효가 진행할 여지가 없다고 판단한 대법원 2011.7.29. 자2008스67 결정, 대법원 2011.7.29. 자2008스113 결정, 대법원 2011.8.16. 자2010스85 결정, 대법원 2011.8.25. 선고 2008므1338 판결, 대법원 2011.8.26. 자2011스10 결정, 대법원 2011.10.13. 선고 2010므2068·2075 판결을 비롯하여 그와 같은 취지의 대법원 판결과 결정은 이 결정의 견해와 배치되는 범위에서 모두 변경하기로 한다.

3 소멸시효의 장애 - 소멸시효의 중단, 정지

1. 소멸시효의 중단사유

> 제168조(소멸시효의 중단사유) 소멸시효는 다음 각 호의 사유로 인하여 중단된다.
> 1. 청구
> 2. 압류 또는 가압류, 가처분
> 3. 승인

2. 시효중단의 효력

> 제169조(시효중단의 효력) 시효의 중단은 당사자 및 그 승계인 간에만 효력이 있다.
> 제440조(시효중단의 보증인에 대한 효력) 주채무자에 대한 시효의 중단은 보증인에 대하여 그 효력이 있다.

3. 시효중단의 사유

(1) 재판상 청구

> 제170조(재판상의 청구와 시효중단) ① 재판상의 청구는 소송의 각하, 기각 또는 취하의 경우에는 시효중단의 효력이 없다.
> ② 전항의 경우에 6월 내에 재판상의 청구, 파산절차참가, 압류 또는 가압류, 가처분을 한 때에는 시효는 최초의 재판상청구로 인하여 중단된 것으로 본다.

(2) 파산절차참가

> 제171조(파산절차참가와 시효중단) 파산절차참가는 채권자가 이를 취소하거나 그 청구가 각하된 때에는 시효중단의 효력이 없다.

(3) 지급명령

> 제172조(지급명령과 시효중단) 지급명령은 채권자가 법정기간 내에 가집행신청을 하지 아니함으로 인하여 그 효력을 잃은 때에는 시효중단의 효력이 없다[10].

---

10) 민법 제172조는 1990년 민사소송법의 개정으로 동법 제440조, 제441조 등이 삭제되면서, 그 의의를 잃게 되었다.

(4) 화해를 위한 소환, 임의출석

> 제173조(화해를 위한 소환, 임의출석과 시효중단) 화해를 위한 소환은 상대방이 출석하지 아니 하거나 화해가 성립되지 아니한 때에는 1월 내에 소를 제기하지 아니하면 시효중단의 효력이 없다. 임의출석의 경우에 화해가 성립되지 아니한 때에도 그러하다.

(5) 최고

> 제174조(최고와 시효중단) 최고는 6월 내에 재판상의 청구, 파산절차참가, 화해를 위한 소환, 임의출석, 압류 또는 가압류, 가처분을 하지 아니하면 시효중단의 효력이 없다.

최고를 여러 번 거듭하다가 재판상 청구 등을 한 경우에 시효중단의 효력은 항상 최초의 최고 시에 발생하는 것이 아니라 **재판상 청구 등을 한 시점을 기준으로 하여 이로부터 소급하여 6월 이내에 한 최고 시에 발생**한다(대판 1983.7.12. 83다카437).

(6) 압류, 가압류, 가처분

> 제175조(압류, 가압류, 가처분과 시효중단) 압류, 가압류 및 가처분은 권리자의 청구에 의하여 또는 법률의 규정에 따르지 아니함으로 인하여 취소된 때에는 시효중단의 효력이 없다.
> 제176조(압류, 가압류, 가처분과 시효중단) 압류, 가압류 및 가처분은 시효의 이익을 받은 자에 대하여 하지 아니한 때에는 이를 그에게 통지한 후가 아니면 시효중단의 효력이 없다.

4. 승인과 시효중단

> 제177조(승인과 시효중단) 시효중단의 효력 있는 승인에는 상대방의 권리에 관한 처분의 능력이나 권한 있음을 요하지 아니한다.

	승인(시효완성 전)		시효이익의 포기(시효완성 후)
법적 성질	관념의 통지(준법률행위)	소멸시효완성	의사표시(법률행위)
처분행위성	처분행위 ×(처분능력 불요)		처분행위 ○(처분능력 필요)
보증인 영향	영향 ○(제440조)		영향 ×(제433조)

소멸시효의 중단사유로서의 승인은 시효이익을 받을 당사자인 채무자가 그 권리의 존재를 인식하고 있다는 뜻을 표시함으로써 성립하는 것이므로 **이는 소멸시효의 진행이 개시된 이후에만 가능하고 그 이전에 승인을 하더라도 시효가 중단되지는 않는다**고 할 것이고, 또한 현존하지 아니하는 장래의 채권을 미리 승인하는 것은 채무자가 그 권리의 존재를 인식하고서 한 것이라고 볼 수 없어 허용되지 않는다고 할 것. 그리고 **시효중단사유로서의 승인은 시효이익을 받을 당사자인 채무자가 그 시효의 완성으로 권리를 상실하게 될 자 또는 그 대리인에** 대하여 그 권리가 존재함을 인식하고 있다는 뜻을 표시함으로써 성립한다고 할 것이며, **이 때 그 표시의 방법은 아무런 형식을 요구하지 아니하고, 또한 명시적이건 묵시적이건 불문한다 할 것이나, 승인으로 인한 시효중단의 효력은 그 승인의 통지가 상대방에게 도달하는 때에 발생**. 그리고 소멸시효의 중단사유로서 채무자에 의한 채무승인이 있었다는 사실은 이를 주장하는 채권자 측에서 입증하여야 하는 것. 또한 과거에는 "채무자가 소멸시효 완성 후에 채권자에 대하여 채무 일부를 변제함으로써 시효의 이익을 포기한 경우에는 그때부터 새로이 소멸시효가 진행한다(대판 2013.5.23. 2013다12464)."고 보았다가, **현재는 "채무자가 시효완성 후 채무를 승인한 경우에는 시효완성의 사실을 알고 그 이익을 포기한 것으로 추정된다'는 법리(대법원 1967.2.7. 선고 66다2173 판결 등, 이하 '추정 법리'라 한다)는 타당하지 않다(대판 2025.7.24. 2023다240299 전합)."고 하여 판례를 변경**

예상문제

소멸시효에 관한 설명 중 옳은 것은? (다툼이 있는 경우 판례에 의함)

① 채무자가 소멸시효 완성 후에 그 사실을 알고 채권자에 대하여 채무 일부를 변제함으로써 시효의 이익을 포기한 경우에는 그때부터 새로이 소멸시효가 진행한다.
② 소멸시효가 완성된 경우 채무자의 일반채권자는 자기의 채권 보전을 위하여 필요한 한도 내에서 채무자를 대위하는 방법으로도 시효소멸을 주장할 수 없다.
③ 소멸시효 이익의 포기 사유로서 묵시적 승인은 적어도 채무자가 채권자에 대하여 부담하는 채무의 존재에 대한 인식의 의사를 표시함으로써 성립한다.
④ 부진정연대채무에서 채무자 1인에 대한 재판상 청구는 다른 채무자에게 시효중단의 효력을 발생시키지 않는다.
⑤ 동시이행의 항변권이 붙어 있는 채권의 경우에 이행기가 도래하고 반대급부의 이행제공을 한 이후에 소멸시효가 진행한다.

답: ④

해설
① [×] 채무자가 소멸시효 완성 후에 채권자에 대하여 채무 일부를 변제함으로써 시효의 이익을 포기한 경우에는 그때부터 새로이 소멸시효가 진행한다(대판 2013.5.23. 2013다12464). 판례 변경: '채무자가 시효완성 후 채무를 승인한 경우에는 시효완성의 사실을 알고 그 이익을 포기한 것으로 추정된다'는 법리(대법원 1967.2.7. 선고 66다2173 판결 등, 이하 '추정 법리'라 한다)는 타당하지 않다(대판 2025.7.24. 2023다240299 전합).
② [×] 채무자에 대한 일반채권자는 자기의 채권을 보전하기 위하여 필요한 한도 내에서 채무자를 대위하여 소멸시효 주장을 할 수 있을 뿐 채권자의 지위에서 독자적으로 소멸시효의 주장을 할 수 없으며(대판 1997.12.26. 97다22676), 채무자에 대하여 아무런 채권이 없는 자는 소멸시효 주장을 대위 원용할 수 없다(대판 2007.3.30. 2005다11312).
③ [×] 채무의 승인은 소멸시효이익 포기사유가 되지 아니한다. 즉 판례는 "채무자가 시효완성 후에 채무의 승인을 한 때에는 일응 시효완성의 사실을 알고 그 이익을 포기한 것이라고 추정할 수 있다(대판 1967.2.7, 66다2173)."고 판시하였으나, 변경된 판례는 '채무자가 시효완성 후 채무를 승인한 경우에는 시효완성의 사실을 알고 그 이익을 포기한 것으로 추정 된다'는 법리(대법원 1967.2.7. 선고 66다2173 판결 등, 이하 '추정 법리'라 한다)는 타당하지 않다(대판 2025.7.24. 2023다240299 전합)."고 하였다.
④ [O] 부진정연대채무에서는 채무자 1인에 대한 이행청구 또는 채무자 1인이 행한 채무의 승인 등 소멸시효의 중단사유나 시효이익의 포기가 다른 채무자에게 효력을 미치지 않는다(대판 2017.5.30. 2016다34687).
⑤ [×] 부동산에 대한 매매대금 채권이 소유권이전등기청구권과 동시이행의 관계에 있다고 할지라도 매도인은 매매대금의 지급기일 이후 언제라도 그 대금의 지급을 청구할 수 있는 것이며, 다만 매수인은 매도인으로부터 그 이전등기에 관한 이행의 제공을 받기까지 그 지급을 거절할 수 있는 데 지나지 아니하므로 매매대금 청구권은 그 지급기일 이후 시효의 진행에 걸린다(대판 1991.3.22. 90다9797).

5. 중단의 효과 – 중단 후의 시효진행

제178조(중단 후의 시효진행) ① 시효가 중단된 때에는 중단까지에 경과한 시효기간은 이를 산입하지 아니하고 중단사유가 종료한 때로부터 새로이 진행한다.
② 재판상의 청구로 인하여 중단한 시효는 전항의 규정에 의하여 재판이 확정된 때부터 새로이 진행한다.

6. 시효정지

제179조(제한능력자의 시효정지) 소멸시효의 기간만료 전 6개월 내에 제한능력자에게 법정대리인이 없는 경우에는 그가 능력자가 되거나 법정대리인이 취임한 때부터 6개월 내에는 시효가 완성되지 아니한다.
제180조(재산관리자에 대한 제한능력자의 권리, 부부 사이의 권리와 시효정지) ① 재산을 관리하는 아버지, 어머니 또는 후견인에 대한 제한능력자의 권리는 그가 능력자가 되거나 후임 법정대리인이 취임한 때부터 6개월 내에는 소멸시효가 완성되지 아니한다.
② 부부 중 한쪽이 다른 쪽에 대하여 가지는 권리는 혼인관계가 종료된 때부터 6개월 내에는 소멸시효가 완성되지 아니한다.
제181조(상속재산에 관한 권리와 시효정지) 상속재산에 속한 권리나 상속재산에 대한 권리는 상속인의 확정, 관리인의 선임 또는 파산선고가 있는 때로부터 6월 내에는 소멸시효가 완성하지 아니한다.
제182조(천재 기타 사변과 시효정지) 천재 기타 사변으로 인하여 소멸시효를 중단할 수 없을 때에는 그 사유가 종료한 때로부터 1월 내에는 시효가 완성하지 아니한다.

4 소멸시효의 효과

1. 소멸시효완성의 효과

(1) 문제점

민법은 취득시효에 관하여는 '소유권을 취득한다'고 규정(제245조, 제246조)하는 반면, 소멸시효의 효과에 관하여 '소멸시효가 완성한다'고 규정하면서(제162조 ~ 제164조) 완성의 의미에 대해서는 구체적인 언급이 없으므로, 견해가 대립된다. 이에 대하여 학설은 소멸시효의 완성으로 권리가 당연히 소멸한다고 보는 견해(절대적 소멸설[11])와 시효의 이익을 받을 자에게 권리소멸을 주장할 수 있는 권리인 원용권이 생길 뿐이라는 견해(상대적 소멸설[12])가 있다.

(2) 판례

1) 원칙 – 절대적 소멸설의 입장

"당사자의 원용이 없어도 시효완성의 사실로써 채무는 당연히 소멸되고, 다만 변론주의 원칙상 소멸시효의 이익을 받을 자가 실제 소송에서 권리를 주장하는 자에 대항하여 시효소멸의 이익을 받겠다는 뜻을 항변하지 않는 기상 그 의사에 반하여 재판할 수 없을 뿐이다(대판 1966.1.31. 65다2445; 대판 1979.2.13. 78다2157)."라고 판시하여 대체로 절대적 소멸설의 입장을 취한다.

2) 시효원용권자 – 상대적 소멸설의 입장

채권의 소멸시효가 완성된 경우 이를 원용할 수 있는 자는 시효로 인하여 채무가 소멸되는 결과 직접적인 이익을 받는 자에 한정된다(대판 2007.3.30. 2005다11312). 채무자, 매매예약에 기한 가등기가 경료된 부동산의 제3취득자(대판 1991.3.12. 90다카27570), 가등기담보가 설정된 부동산의 제3취득자(대판 1995.7.11. 95다12446), 물상보증인(대판 2004.1.16. 2003다30890), 보증인(대판 1991.1.29. 89다카1114) 등도 시효이익의 직접수익자에 해당한다. 그러나 채무자에 대한 일반채권자는 자기의 채권을 보전하기 위하여 필요한 한도 내에서 채무자를 대위하여 소멸시효 주장을 할 수 있을 뿐 채권자의 지위에서 독자적으로 소멸시효의 주장을 할 수 없으며(대판 1997.12.26. 97다22676), 채무자에 대하여 아무런 채권이 없는 자는 소멸시효 주장을 대위 원용할 수 없다(대판 2007.3.30. 2005다11312). 또한 소멸시효가 완성된 경우 이를 주장할 수 있는 사람은 시효로 채무가 소멸되는 결과 직접적인 이익을 받는 사람에 한정된다. **후순위 담보권자는 선순위 담보권의 피담보채권이 소멸하면 담보권의 순위가 상승하고 이에 따라 피담보채권에 대한 배당액이 증가할 수 있지만, 이러한 배당액 증가에 대한 기대는 담보권의 순위 상승에 따른 반사적 이익에 지나지 않는다. 후순위 담보권자는 선순위 담보권의 피담보채권 소멸로 직접 이익을 받는 자에 해당하지 않아 선순위 담보권의 피담보채권에 관한 소멸시효가 완성되었다고 주장할 수 없다고 보아야 한다**(대판 2021.2.25. 2016다232597).

---

[11] 소멸시효기간이 만료함으로써 권리가 절대적으로 소멸한다고 한다. 이 견해는 그 근거로서 현행 민법은 구 민법과는 달리 시효원용에 관한 규정을 두고 있지 않으며, 다른 규정, 즉 부칙 제8조 제1항, 민법 제369조, 제766조 제1항 등에서 '시효로 인해 소멸한다'고 규정하고 있다는 것을 들고 있다. 특히 이 견해는 시효완성을 알고 변제 시에는 제742조의 악의의 비채변제, 모르고 변제 시에도 제744조 도의관념에 적합한 비채변제가 되어 어느 경우나 반환청구를 할 수 없다고 본다.

[12] 소멸시효의 완성으로 권리소멸이라는 효과가 생기는 것이 아니라, 시효로 인해 이익을 받을 자에게 권리의 소멸을 주장할 권리가 생길 뿐이라고 한다. 이 견해는 그 근거로서 정당한 권리관계를 그대로 실현하려는 당사자의 의사의 존중을 위해서는 시효원용권이 필요하고, 시효이익의 포기에 있어 절대적 소멸설의 경우 포기할 대상이 존재하지 않는다는 이론적 모순이 있다고 한다. 특히 이 견해는 시효완성을 알고 변제해도 언제나 유효한 변제로서 반환청구를 할 수 없다고 한다.

2. 소멸시효완성의 소급효

제167조(소멸시효의 소급효) 소멸시효는 그 기산일에 소급하여 효력이 생긴다.

3. 시효이익의 포기

제184조(시효의 이익의 포기 기타) ① 소멸시효의 이익은 미리 포기하지 못한다.
② 소멸시효는 법률행위에 의하여 이를 배제, 연장 또는 가중할 수 없으나 이를 단축 또는 경감할 수 있다.

시효이익의 포기는 상대적이어서 1인의 포기는 타인에게 영향을 미치지 아니한다. 따라서 **주채무자의 소멸시효이익의 포기는 보증인에 영향을 미치지 아니한다**(제433조 제2항). 특히 판례는 "소멸시효 이익의 포기는 상대적 효과가 있을 뿐이어서 다른 사람에게는 영향을 미치지 아니함이 원칙이나, 소멸시효 이익의 포기 당시에는 권리의 소멸에 의하여 직접 이익을 받을 수 있는 이해관계를 맺은 적이 없다가 나중에 시효이익을 이미 포기한 자와의 법률관계를 통하여 비로소 시효이익을 원용할 이해관계를 형성한 자는 이미 이루어진 시효이익 포기의 효력을 부정할 수 없다. 왜냐하면, 시효이익의 포기에 대하여 상대적인 효과만을 부여하는 이유는 포기 당시에 시효이익을 원용할 다수의 이해관계인이 존재하는 경우 그들의 의사와는 무관하게 채무자 등 어느 일방의 포기의사만으로 시효이익을 원용할 권리를 박탈당하게 되는 부당한 결과의 발생을 막으려는 데 있는 것이지, 시효이익을 이미 포기한 자와의 법률관계를 통하여 비로소 시효이익을 원용할 이해관계를 형성한 자에게 이미 이루어진 시효이익 포기의 효력을 부정할 수 있게 하여 시효완성을 둘러싼 법률관계를 사후에 불안정하게 만들자는 데 있는 것은 아니기 때문이다[13](대판 2015.6.11. 2015다200227)."고 한다.

---

13) 상고이유에서 지적하고 있는 대법원 1995.7.11. 선고 95다12446 판결 등은 시효이익의 포기 시점에 이미 시효원용에 관한 이해관계를 형성하고 있는 경우에 관한 것으로서 이 사건과는 사안을 달리하므로 이 사건에 원용하기에는 적절하지 아니하다.
[비교판례] 대판 1995.7.11. 95다12446: 소멸시효를 원용할 수 있는 사람은 권리의 소멸에 의하여 직접 이익을 받는 사람에 한정되는바, 채권담보의 목적으로 매매예약의 형식을 빌어 소유권이전청구권 보전을 위한 가등기가 경료된 부동산을 양수하여 소유권이전등기를 마친 제3자는 당해 가등기담보권의 피담보채권의 소멸에 의하여 직접 이익을 받는 자이므로, 그 가등기담보권에 의하여 담보된 채권의 채무자가 아니더라도 그 피담보채권에 관한 소멸시효를 원용할 수 있고, 이와 같은 직접수익자의 소멸시효 원용권은 채무자의 소멸시효 원용권에 기초한 것이 아닌 독자적인 것으로서 채무자를 대위하여서만 시효이익을 원용할 수 있는 것은 아니며, 가사 채무자가 이미 그 가등기에 기한 본등기를 경료하여 시효이익을 포기한 것으로 볼 수 있다고 하더라도 그 시효이익의 포기는 상대적 효과가 있음에 지나지 아니하므로 채무자 이외의 이해관계자에 해당하는 담보 부동산의 양수인으로서는 여전히 독자적으로 소멸시효를 원용할 수 있다.

4. 주된 권리의 소멸과 종된 권리

> 제183조(종속된 권리에 대한 소멸시효의 효력) 주된 권리의 소멸시효가 완성한 때에는 종속된 권리에 그 효력이 미친다.

이자 또는 지연손해금은 주된 채권인 원본의 존재를 전제로 그에 대응하여 일정한 비율로 발생하는 종된 권리인데, 하나의 금전채권의 원금 중 일부가 변제된 후 나머지 원금에 대하여 소멸시효가 완성된 경우, 가분채권인 금전채권의 성질상 변제로 소멸한 원금 부분과 소멸시효 완성으로 소멸한 원금 부분을 구분하는 것이 가능하고, 이 경우 원금에 종속된 권리인 이자 또는 지연손해금 역시 변제로 소멸한 원금 부분에서 발생한 것과 시효완성으로 소멸된 원금 부분에서 발생한 것으로 구분하는 것이 가능하므로, <u>소멸시효 완성의 효력은 소멸시효가 완성된 원금 부분으로부터 그 완성 전에 발생한 이자 또는 지연손해금에는 미치나, 변제로 소멸한 원금 부분으로부터 그 변제 전에 발생한 이자 또는 지연손해금에는 미치지 않는다</u>(대판 2008.3.14. 2006다2940).

ca.Hackers.com

해커스 감정평가사
ca.Hackers.com

PART 02
물권법

01 물권의 변동
02 기본물권
03 용익물권
04 담보물권
05 비전형담보물권

01 물권의 변동

1 총설

1. 물권행위

(1) 부동산등기법 전면개정

① 등기의 효력 발생 시기: 접수한 때부터
② 본등기 한 경우 가등기 이후의 등기를 직권으로 말소
③ 구분건물의 표시에 관한 등기관의 실질적 심사권 폐지

2. 물권변동의 구성요소로서 등기, 인도

(1) 등기의 종류

① 사실등기, 권리등기
② 보존등기, 권리변동등기
③ 기입등기, 경정등기, 변경등기
   판례 위법한 경정등기가 마쳐졌다 하더라도 경정 후 명의인의 권리관계 표상 + 등기가 실체관계에도 부합 = 등기 유효
④ 말소등기: 사실, 권리관계에 관한 기존등기의 전부를 말소
⑤ 회복등기
⑥ 멸실등기: 부동산이 멸실한 경우 ※말소 ✕
⑦ 주등기, 부기등기
   ㉠ 주등기: 독립한 번호 有
   ㉡ 부기등기: 독립한 번호 無
   판례 부기등기에 의하여 이전된 근저당권 또는 가등기 등의 말소등기청구: 주등기인 근저당권설정등기 말소를 구하고, but 양수인 상대로 하면 족하고 양도인은 피고적격 없다.
⑧ 종국등기, 예비등기
⑨ 가등기 - 가등기상 청구권의 양도와 이전등기: 양도인과 양수인의 공동신청으로 가등기에 대한 부기등기 형식으로

(2) 등기의 구체적인 절차

> **부동산등기법 제23조(등기신청인)** ① 등기는 법률에 다른 규정이 없는 경우에는 등기권리자(登記權利者)와 등기의무자(登記義務者)가 공동으로 신청한다.
> ② 소유권보존등기(所有權保存登記) 또는 소유권보존등기의 말소등기(抹消登記)는 등기명의인으로 될 자 또는 등기명의인이 단독으로 신청한다.
> ③ 상속, 법인의 합병, 그 밖에 대법원규칙으로 정하는 포괄승계에 따른 등기는 등기권리자가 단독으로 신청한다.
> ④ 등기절차의 이행 또는 인수를 명하는 판결에 의한 등기는 승소한 등기권리자 또는 등기의무자가 단독으로 신청하고, 공유물을 분할하는 판결에 의한 등기는 등기권리자 또는 등기의무자가 단독으로 신청한다.
> ⑤ 부동산표시의 변경이나 경정(更正)의 등기는 소유권의 등기명의인이 단독으로 신청한다.
> ⑥ 등기명의인표시의 변경이나 경정의 등기는 해당 권리의 등기명의인이 단독으로 신청한다.
> ⑦ 신탁재산에 속하는 부동산의 신탁등기는 수탁자(受託者)가 단독으로 신청한다.
> ⑧ 수탁자가 신탁법 제3조 제5항에 따라 타인에게 신탁재산에 대하여 신탁을 설정하는 경우 해당 신탁재산에 속하는 부동산에 관한 권리이전등기에 대하여는 새로운 신탁의 수탁자를 등기권리자로 하고 원래 신탁의 수탁자를 등기의무자로 한다. 이 경우 해당 신탁재산에 속하는 부동산의 신탁등기는 제7항에 따라 새로운 신탁의 수탁자가 단독으로 신청한다.

(3) 등기의 효력

1) 본등기의 효력

① 물권변동의 효력
② 대항적 효력
③ 순위 확정적 효력
④ 추정적 효력
  ㉠ 절차의 적법추정: 전 등기 명의인이 미성년자이고 당해 부동산을 친권자에게 증여하는 행위가 이해상반행위여도 친권자에게 이전등기가 경료된 이상, 절차 적법한 것으로 추정 but, 적법절차 아닌 것으로 의심할 만한 사정이 증명된다면 추정이 깨진다.
  ㉡ 기재사항의 적법추정
    ⓐ 임차권 등기된 경우: 임차권의 적법성 추정
    ⓑ 저당권설정등기의 경우: 상응하는 피담보채권의 존재 추정
  ㉢ 보존등기: 소유권이전등기보다는 약하지만 추정력 가진다(보존등기는 단독신청이므로).
  ㉣ 특별조치법에 의한 등기의 추정력: 다른 주장을 하였다는 사유만으로 추정력 깨지지 ×
    but, ⓐ 그 밖의 자료에 의하여 실체적 기재내용이 진실 아님을 의심할 만큼 증명된 때 추정력 깨진다.
      ⓑ 전 등기명의인이 무권리자: 원인무효로서 등기 추정력 번복된다.
  ㉤ 제3자의 선의, 무과실 추정
    but, 종전 매도인의 소유권보존등기의 적법, 유효 여부까지 조사 不要

⑤ 추정력 부정되는 경우: 전소유자가 사망한 이후 이루어진 이전등기는 원인무효의 등기로서 등기의 유효를 주장하는 자가 실체관계 부합함을 입증할 책임 有
but, 등기원인이 이미 존재하고 있으나 아직 등기신청을 하지 않고 있는 동안에 상속이 개시된 경우: 사망한 등기의무자로부터 경료 된 등기라고 하더라도 적법하게 경료된 것으로 추정

2) 가등기의 효력
  ① 본등기 전 효력
    ㉠ 가등기의 불법말소: 가등기명의인은 가등기가 말소될 당시의 소유자를 등기의무자로 하여 가등기말소회복등기 청구 可, 순위보전의 효력 상실 ×, 부기등기 통해 유용 可
    but, 부기등기 있기 전 이해관계 갖게 된 제3자에게 유효 주장 不可
  ② 본등기 후 효력
    ㉠ 순위보전의 효력: 본등기 한 재 발생 ※ 가등기한 때로 소급 ×
    but, 가등기 후 이루어진 다른 등기 있을 경우, 후에 이루어진 가등기에 기한 본등기에 의해 본등기의 순위가 가등기 한때로 소급함으로써 다른 등기가 본등기보다 후순위로 되거나 실효되는 것 ×
    ㉡ 본등기청구의 상대방: 매도인에게 청구 ※ 현재의 등기명의인 ×
    ㉢ 담보책임: 제576조 준용 ※ 제570조 ×

2 부동산물권의 변동

1. 등기의 유효요건

(1) 1부동산 1등기기록의 원칙

  판례 1. 동일인 명의로 중복등기 경료: 제1등기 유효
       2. 등기명의인이 다른 중복등기
           ① 각 소유권이전등기의 바탕기 된 소유권보존등기의 선후 기준으로
           ② 회복등기 상호간에는 회복등기일자의 선후 기준으로

(2) 진정명의회복을 원인으로 한 소유권이전등기청구권의 기판력: 소유권이전말소청구소송에서 패소판결확정 그 후 진정명의회복으로 한 소유권이전등기청구소송에도 미친다.

(3) 중간생략등기
  ① 중간생략등기의 효력: 전적으로 부인 ×
    판례 1. 국토이용관리법상 허가구역 토지: 최초매도인으로부터 최종매수인 앞으로 경료된 이전등기 효력 부정
         2. 합의하여도 중간매수인의 소유권이전등기청구권 소멸, 첫 매도인의 그 매수인에 대한 소유권이전등기 의무 소멸 ×

② 취득시효 완성 후 점유승계인의 중간생략등기청구권
> 판례 소유권이전등기청구권을 대위행사 할 수 있을 뿐, 직접 자기에게 소유권이전등기를 청구할 권원이 없다.

(4) 등기를 갖추지 않은 부동산 '취득자'의 법적 지위
① **소유권 주장 못함**: 미등기매수인은 불법점거자에 대하여 직접 자신의 소유권 등에 기하여 명도청구 不可
② 진정명의회복을 위한 이전등기청구
> 판례 채권자 명의의 가등기와 본등기의 원인이 그 피담보채무의 변제로 인하여 소멸하게 된다 하더라도, 제3취득자로서는 채권자에게 소유권이전등기청구 할 수 있는 소유자의 지위에 있다고 볼 수 없다.
③ 근저당권말소등기청구권: 근저당권설정자인 종전의 소유자도 계약상 권리에 터 잡아 말소 청구 可

3 동산물권의 변동

1. 법률행위에 의한 동산물권변동

(1) 형식주의의 원칙

> 제188조(동산물권양도의 효력, 간이인도) ① 동산에 관한 물권의 양도는 그 동산을 인도하여야 효력이 생긴다.
> ② 양수인이 이미 그 동산을 점유한 때에는 당사자의 의사표시만으로 그 효력이 생긴다.

(2) 점유개정

> 제189조(점유개정) 동산에 관한 물권을 양도하는 경우에 당사자의 계약으로 양도인이 그 동산의 점유를 계속하는 때에는 양수인이 인도받은 것으로 본다.

(3) 목적물반환청구권의 양도

> 제190조(목적물반환청구권의 양도) 제삼자가 점유하고 있는 동산에 관한 물권을 양도하는 경우에는 양도인이 그 제삼자에 대한 반환청구권을 양수인에게 양도함으로써 동산을 인도한 것으로 본다.

① 목적물반환청구권의 성질: 채권적 청구권
② 채권양도규정의 준용: 양도인이 위탁받은 주권을 제3자에게 보관시킨 경우, 주권의 선의취득하려면 제3자에 대한 반환청구권을 양수인에게 양도하고 지명채권 양도의 대항요건을 갖춰야 한다.

2. 무권리자로부터의 취득(선의취득)

> **제249조(선의취득)** 평온, 공연하게 동산을 양수한 자가 선의이며 과실없이 그 동산을 점유한 경우에는 양도인이 정당한 소유자가 아닌 때에도 즉시 그 동산의 소유권을 취득한다.

(1) 요건
1) 객체에 관한 요건
   ① 원칙: 동산이어야 한다.
   ② 등기, 등록으로 공시되는 동산
   - **판례** 자동차: 선의취득 규정 적용 ×
     (예외) 제작 당시부터 자동차관리법령에 적법하게 등록할 수 없어서 등록하지 아니한 상태에 있고 통상적인 용도가 도로 외의 장소에서만 사용하는 것이라면 선의취득 규정 적용

2) 양도인에 관한 요건
   ① 양도인이 목적물 점유하고 있을 것
   ② 양도인이 무권리자일 것

3) 양수인에 관한 요건
   ① 유효한 거래행위
     ㉠ 거래행위가 있을 것: 특정승계에 국한
       ※ 상속, 회사의 합병과 같은 포괄승계의 경우 인정 ×
     ㉡ 거래행위가 유효할 것
   ② 평온, 공연, 선의, 무과실에 의한 선의취득
     ㉠ 무과실 추정: 선의취득자가 무과실에 대한 증명책임 有
     ㉡ 기준 시점: 물권행위 완성되는 때
       - **판례** 물권적 합의가 동산의 인도보다 먼저 행하여지면: 인도된 때
         동산의 인도가 물권적 합의보다 먼저 행하여지면: 물권적 합의가 이루어진 때
     ㉢ 점유개정의 경우: 점유개정에 의한 선의취득 인정 ×

(2) 효과
1) 물권의 취득
   선의취득효과 거부하고 종전 소유자에게 동산 반환받아 갈 것을 요구할 수 ×
2) 부당이득과의 관계
   ① 유상취득: 부정
   ② 무상취득: 인정

3) 도품 및 유실물에 관한 특칙

> 제250조(도품, 유실물에 대한 특례) 전조의 경우에 그 동산이 도품이나 유실물인 때에는 피해자 또는 유실자는 도난 또는 유실한 날로부터 2년 내에 그 물건의 반환을 청구할 수 있다. 그러나 도품이나 유실물이 금전인 때에는 그러하지 아니하다.

4) 특칙의 특칙 - 대가의 변상

> 제251조(도품, 유실물에 대한 특례) 양수인이 도품 또는 유실물을 경매나 공개시장에서 또는 동종류의 물건을 판매하는 상인에게서 선의로 매수한 때에는 피해자 또는 유실자는 양수인이 지급한 대가를 변상하고 그 물건의 반환을 청구할 수 있다.

4 물권의 소멸

1. 물권의 포기

① 소유권, 점유권의 포기: 상대방 없는 단독행위
② 제한물권의 포기: 상대방 있는 단독행위

2. 물권의 혼동(제191조)

판례
1. 저당권의 혼동 및 부활: 근저당권 취득자가 그 부동산을 매수하여 소유권이전등기 경료하면 근저당권 혼동으로 소멸
   but, 후 소유권이전등기가 원인무효: 소멸하였던 근저당권 당연 부활
2. 물권과 채권의 혼동: 甲이 가등기에 기한 본등기 절차에 의하지 아니하고 乙로부터 별도의 소유권이전등기를 경료받았다고 하여 甲의 가등기에 기한 본등기청구권 소멸하는 것 ×
3. 양도담보와 혼동: 양도담보를 이유로 소유권이전등기가 경료되어도 지상권지분이 혼동으로 소멸 ×

02 기본물권

1 점유권

제192조(점유권의 취득과 소멸) ① 물건을 사실상 지배하는 자는 점유권이 있다.
② 점유자가 물건에 대한 사실상의 지배를 상실한 때에는 점유권이 소멸한다. 그러나 제204조의 규정에 의하여 점유를 회수한 때에는 그러하지 아니하다.

1. 점유

(1) 점유의 개념
① 사실상의 지배
② 점유 설정의사

(2) 간접점유

제194조(간접점유) 지상권, 전세권, 질권, 사용대차, 임대차, 임치 기타의 관계로 타인으로 하여금 물건을 점유하게 한 자는 간접으로 점유권이 있다.

① 효과: 간접점유자도 점유권 가진다.
  but, 직접점유자에 대하여 점유보호청구권, 자력구제권 행사 不可

  판례 어떤 물건에 대하여 직접점유자와 간접점유자가 있는 경우: 서로 중첩되는 부분에 관하여는 부진정연대채무 관계이다(예비적, 선택적 공동소송 不可 ⇨ 통공으로).

(3) 점유보조자

제195조(점유보조자) 가사상, 영업상 기타 유사한 관계에 의하여 타인의 지시를 받아 물건에 대한 사실상의 지배를 하는 때에는 그 타인만을 점유자로 한다.

① 간접점유와의 비교

구분	점유보조자	간접점유
점유 인정 여부	×	○
사회적 종속관계	○	×
점유보호청구권	×	○
자력구제권	○	×

(4) 점유의 종류

① 자주점유와 타주점유   예 매도인(자주) - 매수인(타주), 신탁자(자주) - 수탁자(타주)
② 자주점유의 판단: 모든 사정에 의하여 외형적, 객관적 결정   ※ 내심의 의사에 의하여 결정 ×
   예 자주인지 타주인지 불분명한 경우: 소유의 의사로 점유한 것으로 추정
③ 악의의 무단점유
   ㉠ 점유 개시 당시 법률요건이 없다는 사실을 잘 알면서 타인 소유의 부동산을 '무단점유한 것임이 입증'된 경우 자주점유의 추정 깨진다. ⇨ 소유자가 입증
   ㉡ 이는 국가 등이 토지 점유할 권원 없이 사유토지를 임의로 도로부지로 편입시킨 경우에도 마찬가지
      but, 취득절차에 관한 서류를 제출하지 못하고 있다 하더라도 모든 것을 고려할 때 적법하게 취득하였을 가능성을 배제할 수 없는 경우에는 무단점유로 인정할 것은 아니다.
④ 타인의 권리를 매매 또는 등기 수반하지 않는 점유: 매도인에게 처분권한 없다는 것을 잘 알면서 이를 매수하였다는 등의 다른 특별한 사정이 증명되지 않는 한 자주점유의 추정 깨지지 ×
   판례 공유부동산
      1. 1인이 전부를 점유하고 있다 하여도 다른 공유자의 지분비율의 범위 내에서는 타주점유
      2. (구분소유적 공유관계)특정된 부분만을 소유, 점유하고 있는 공유자: 자주점유
⑤ 타주점유가 자주점유로의 전환
   판례 상속으로 점유를 승계한 자는 피상속인의 점유가 타주점유이면 상속에 의한 점유도 역시 타주점유이므로 상속은 새로운 권원에 해당하지 않는다.
⑥ 자주점유의 타주점유로의 전환
   판례 1. 전환부정(점유자 ⇨ 소유자): 소유자를 상대로 소유권이전말소절차의 이행을 구하는 소를 제기하였다가 패소판결이 확정되었다 하더라도 점유자는 타주점유로 전환되지 ×
        2. 전환긍정(소유자 ⇨ 점유자): 점유자를 상대로 말소등기청구소송 제기하여 점유자 패소로 확정되었다면 점유자는 패소판결 확정 후부터 타주점유로 전환

2. 점유권의 취득과 소멸

제196조(점유권의 양도) ① 점유권의 양도는 점유물의 인도로 그 효력이 생긴다.
② 전항의 점유권의 양도에는 제188조 제2항, 제189조, 제190조의 규정을 준용한다.

(1) 포괄승계(제193조, 상속으로 인한 점유권의 이전)

상속인이 수인인 경우 ⇨ 상속인들의 공동점유
예 상속인 중 일부만이 점유하여도 상속인 전부가 점유한 것으로 된다.

3. 점유권의 효력

(1) 점유의 추정적 효력

> 제197조(점유의 태양) ① 점유자는 소유의 의사로 선의, 평온 및 공연하게 점유한 것으로 추정한다.
> ② 선의의 점유자라도 본권에 관한 소에 패소한 때에는 그 소가 제기된 때로부터 악의의 점유자로 본다.

1) 점유계속의 추정

> 제198조(점유계속의 추정) 전후양시에 점유한 사실이 있는 때에는 그 점유는 계속한 것으로 추정한다.

2) 점유승계의 주장과 효과

> 제199조(점유의 승계의 주장과 그 효과) ① 점유자의 승계인은 자기의 점유만을 주장하거나 자기의 점유와 전점유자의 점유를 아울러 주장할 수 있다.
> ② 전점유자의 점유를 아울러 주장하는 경우에는 그 하자도 계승한다.

but, 상속은 점유의 분리, 병합 상속의 경우 적용

3) 권리의 적법 추정(제200조)

(2) 점유자의 과실

> 제201조(점유자와 과실) ① 선의의 점유자는 점유물의 과실을 취득한다.
> ② 악의의 점유자는 수취한 과실을 반환하여야 하며 소비하였거나 과실로 인하여 훼손 또는 수취하지 못한 경우에는 그 과실의 대가를 보상하여야 한다.
> ③ 전항의 규정은 폭력 또는 은비에 의한 점유자에 준용한다.

1) 과실취득의 요건
① 선의: 적극적인 오신 要
② 무과실: 오신할 만한 정당한 근거 要

2) 과실취득의 효과
① 선의 점유자에게 과실취득권 인정하면서도 그에게 과실 있는 경우 불법행위로 인한 손해배상책임 인정
② ㉠ 계약취소: 선의의 매도인은 대금의 운용이익 내지 법정이자의 반환을 부정함
㉡ 계약해제: 원상회복의무 有 ⇨ 현존여부, 선의, 악의 불문하고 받은 이익 전부 반환

3) 악의점유자의 과실반환의무
① 제201조 제2항과 불법행위와의 관계: 경합
② 제748조 제2항과의 관계: 악의 수익자가 반환하여야 할 범위는 받은 이익에 이자를 붙여 반환하여야 하며, 위 이자의 이행지체로 인한 지연손해금도 지급하여야 한다.

(3) 점유자의 회복자에 대한 책임

> 제202조(점유자의 회복자에 대한 책임) 점유물이 점유자의 책임있는 사유로 인하여 멸실 또는 훼손한 때에는 악의의 점유자는 그 손해의 전부를 배상하여야 하며 선의의 점유자는 이익이 현존하는 한도에서 배상하여야 한다. 소유의 의사가 없는 점유자는 선의인 경우에도 손해의 전부를 배상하여야 한다.

제202조는 점유물 자체에 관하여 생긴 손해배상에 관한 것이므로 불법행위규정의 적용은 배제되지 않으며, 서로 경합함

(4) 점유자의 상환청구권

> 제203조(점유자의 상환청구권) ① 점유자가 점유물을 반환할 때에는 회복자에 대하여 점유물을 보존하기 위하여 지출한 금액 기타 필요비의 상환을 청구할 수 있다. 그러나 점유자가 과실을 취득한 경우에는 통상의 필요비는 청구하지 못한다.
> ② 점유자가 점유물을 개량하기 위하여 지출한 금액 기타 유익비에 관하여는 그 가액의 증가가 현존한 경우에 한하여 회복자의 선택에 좇아 그 지출금액이나 증가액의 상환을 청구할 수 있다.
> ③ 전항의 경우에 법원은 회복자의 청구에 의하여 상당한 상환기간을 허여할 수 있다.

① '회복자의 선택에 좇아'
　　[판례] 유익비는 실제로 지출한 비용과 현존하는 증가액을 모두 산정하여야 한다.
② 상환청구의 당사자
　　㉠ 청구권자
　　　　[판례] 1. 甲 소유의 물건을 임차한 乙이 이를 수급한 丙에게 수리를 맡긴 경우: 丙의 비용상환을 부정하고 乙이 甲에게 비용상환청구권을 갖는다.
　　　　　　　2. 甲으로부터 물건을 임차하여 사용하고 있는 乙은 경매로 매입한 丙에 대하여 비용상환 부정: 甲에 대하여 유익비상환청구 可
　　㉡ 상황의무자: 현재의 소유자가 전 소유자의 반환범위에 속하는 것을 포함하여 책임 有

(5) 점유보호청구권

1) 점유물 회수청구권

> 제204조(점유의 회수) ① 점유자가 점유의 침탈을 당한 때에는 그 물건의 반환 및 손해의 배상을 청구할 수 있다.
> ② 전항의 청구권은 침탈자의 특별승계인에 대하여는 행사하지 못한다. 그러나 승계인이 악의인 때에는 그러하지 아니하다.
> ③ 제1항의 청구권은 침탈을 당한 날로부터 1년 내에 행사하여야 한다.

① 점유의 침탈　※ 사기로 인해서 침탈당한 경우에는 점유물반환청구 행사 不可
② 당사자: 직접점유자나 간접점유자 모두 청구권자가 될 수 있다.

2) 점유물 방해 및 손해배상청구권
   ① 점유물방해예방청구권

   > 제205조(점유의 보유) ① 점유자가 점유의 방해를 받은 때에는 그 방해의 제거 및 손해의 배상을 청구할 수 있다.
   > ② 전항의 청구권은 방해가 종료한 날로부터 1년 내에 행사하여야 한다.
   > ③ 공사로 인하여 점유의 방해를 받은 경우에는 공사착수 후 1년을 경과하거나 그 공사가 완성한 때에는 방해의 제거를 청구하지 못한다.

   ② 손해배상담보 청구권

   > 제206조(점유의 보전) ① 점유자가 점유의 방해를 받을 염려가 있는 때에는 그 방해의 예방 또는 손해배상의 담보를 청구할 수 있다.
   > ② 공사로 인하여 점유의 방해를 받을 염려가 있는 경우에는 전조 제3항의 규정을 준용한다.

2 소유권

1. 소유권의 내용과 제한

(1) 소유권의 사용, 수익 권능 대세적으로 포기 不可

(2) 토지소유권의 범위(제212조)
   ① 토지소유권의 경계: 현실의 경계 관계없이 지적공부상 경계에 의하여 확정
   ② 온천권: 관습법상의 물권 인정 ×

(3) 상린관계
   1) 임의규정
      ① 상린관계: 법률에 의하여 발생, 등기 要
      ② 지역권: 계약에 의하여 발생, 등기 不要
   2) 생활방해금지

   > 제217조(매연 등에 의한 인지에 대한 방해금지) ① 토지소유자는 매연, 열기체, 액체, 음향, 진동 기타 이에 유사한 것으로 이웃 토지의 사용을 방해하거나 이웃 거주자의 생활에 고통을 주지 아니하도록 적당한 조처를 할 의무가 있다.
   > ② 이웃 거주자는 전항의 사태가 이웃 토지의 통상의 용도에 적당한 것인 때에는 이를 인용할 의무가 있다.

   판례 조망권: 보호 × VS 일조권: 보호 ○

3) 주위토지통행권

> 제219조(주위토지통행권) ① 어느 토지와 공로사이에 그 토지의 용도에 필요한 통로가 없는 경우에 그 토지소유자는 주위의 토지를 통행 또는 통로로 하지 아니하면 공로에 출입할 수 없거나 과다한 비용을 요하는 때에는 그 주위의 토지를 통행할 수 있고 필요한 경우에는 통로를 개설할 수 있다. 그러나 이로 인한 손해가 가장 적은 장소와 방법을 선택하여야 한다.
> ② 전항의 통행권자는 통행지소유자의 손해를 보상하여야 한다.

① 주위토지통행권의 범위
  ㉠ 통행을 위한 지역권과는 달리 통행로가 항상 특정한 장소로 고정되어 있는 것 ×
  ㉡ 합의가 이루어지지 아니한 경우: 기존의 확정판결이나 화해조서 등이 인정한 통행장소와 다른 곳을 통행로로 삼아 통행권의 확인 또는 제214조 소제기하더라도 기존 확정판결이나 화해조서 등의 기판력에 저촉된다고 볼 수 없다.
  ㉢ 특정의 통로가 요건을 충족하지 못할 경우: 청구 기각
     but, 특정 통로 부분 중 일부분이 요건 충족하는 경우: 청구 전부 기각 × ⇨ 일부인용
  ㉣ 범위 판
     ⓐ 필요한 통로가 있음에도 생활에 더 편리하다는 이유만으로 다른 통로를 이용하는 것을 인정 ×
     ⓑ 기존 통로가 협소 또는 개조에 과다한 비용이 드는 등 이용에 부적합한 경우 다른 통로 이용 可

② 손해의 보상
  ㉠ 손해액: 주위토지통행권 인정되는 당시 현실적 이용 상태에 따른 통행지의 임료 상당액
     판례 주위토지통행권이 인정된다는 사정만으로 통행지를 '도로'로 평가하여 산정한 임료 상당액 통행지소유자의 손해액이 된다고 볼 수 없다.
  ㉡ 통행지소유자에게 통행권자가 손해를 보상하여야 한다.
     ※ 통행권자의 허락을 얻어 사실상 통행하고 있는 자에게 손해보상청구 불가
  ㉢ 통행권자가 손해를 보상하지 않더라도 통행권은 소멸되지 않고 채무불이행 책임만 발생

③ 분할, 일부양도의 경우

> 제220조(분할, 일부양도와 주위통행권) ① 분할로 인하여 공로에 통하지 못하는 토지가 있는 때에는 그 토지소유자는 공로에 출입하기 위하여 다른 분할자의 토지를 통행할 수 있다. 이 경우에는 보상의 의무가 없다.
> ② 전항의 규정은 토지소유자가 그 토지의 일부를 양도한 경우에 준용한다.

  ㉠ 토지가 분할되어 동시에 모두 양도된 경우 양수인 사이에 무상통행권 인정 여부: 토지의 직접 분할자 또는 일부 양도의 당사자 사이에만 적용되고 특정승계인에게는 적용 ×, 이미 통로를 개설해 놓은 다음 특정승계가 이루어진 경우도 마찬가지

ⓒ 부상통행권의 부담이 특정승계인에게 승계여부: 제220조 적용 × ⇨ 제219조 일반원칙으로 적용(유상)
but, 통행로 부분에 사용수익 제한의 사정을 알면서 토지의 소유권을 승계취득한 자는 무상통행 수인의무 有

ⓒ 명의신탁자에 대한 주위토지통행권 인정 ×

(4) 집합건물의 소유 및 관리에 관한 법률

1) 구분소유권 – 객관적: 이용상, 구조상 독립성 要
   – 주관적: 구분행위 要

① 구분건물 완성 전에 건축허가신청이나 분양계약 등의 구분의사가 객관적으로 표시되면 구분행위 존재 인정, 후 건물 완성되면 아직 대장에 등록 또는 등기부에 등기되지 않았다 하더라도 그 시점에서 구분소유 성립

② but, 이후 분양계약을 해지하고 1동 건물의 전체를 1개의 건물로 소유권보존등기 마쳤다며 구분소유권 소멸 <u>구분폐지가 있기 전 개개 구분건물에 유치권 성립한 경우라도 달리 볼 것</u> ×

③ 구분건물들 사이의 격벽이 제거되는 등 독립성 상실하여 일체화(1개의 건물): 기존 구분건물등기는 합동으로 인하여 생긴 건물 중에서 비율에 상응하는 공유지분 등기 효력만 인정

  예 건축물관리대장상 독립한 별개의 구분건물로 등재, 등기부상 구분소유권 목적으로 등기된 경우: 그 등기는 그 자체로 무효

2) 대지사용권

① 전유부분의 매수: 매수인의 지위에서 가지는 점유, 사용권은 구분소유자가 전용부분을 소유하기 위하여 가지는 권리인 대지사용권에 해당, 수분양자로부터 전유부분과 대지지분을 다시 매수 또는 증여 등의 방법으로 양수받거나 전전 양수받은 자 역시 대지사용권 취득

② 전유부분의 시효취득: 건물의 소유자가 직접점유하고 있지 않더라도 대지를 점유한다고 보아야 한다.

  판례 1동의 건물의 구분소유자: 건물의 대지 전체를 공동으로 점유

③ 주물, 종물 이론의 유추적용: 등기 경료 전 전유부분만에 대해 내려진 가압류 효력은 대리권에도 미친다.

④ 구분소유자

  판례 • 공유자(A ~ G)들 중 구분소유자들(A ~ D) 사이에서는 공유지분 비율 차이를 이유로 부당이득반환 청구 불가
   • <u>구분소유자 외의 다른 공유자(E)가 있는 경우: 공유지분권에 기초하여 토지에 대한 적정지분을 가진 다른 구분소유자들에 대하여 부당이득반환 청구 불가(판례 변경)</u>

3) 하자담보추급권

민법 제667조 내지 제671조 규정 준용, 현재의 집합건물 소유자에게 귀속 ⇨ 10년 소멸시효 기간 적용

4) 공용부분에 대한 권리 의무
   ① 체납관리비 및 연체료의 승계, 인수채무: 승계인이 전 입주자의 체납관리비 승계 ✕
      but, 특별승계인은 체납관리비 중 공용부분에 관하여는 승계한다.
      but, 공용부분 관리비에 대한 연체료는 포함 ✕
   ② 공용부분은 구분소유자 중 일부가 권원 없이 점유 사용한 경우: 다른 구분소유자에게 손해를 배상하여야 한다.
5) 재건축결의 내용 변경: 재건축조합은 비법인 사단이다.
   but, 집합건물법 제49조 의하여 재건축 결의시 조합원 5분의 4 이상의 결의 要

2. 소유권의 취득

(1) 취득시효

1) 시효취득 되는 권리: 점유 수반 要 – ○: 지역권, 지상권, 분묘기지권, 주주권
                              – ✕: 점유권, 유치권, 저당권

2) 시효취득의 대상
   ① 시효취득의 대상이 반드시 타인의 소유물 또는 그 타인 특정 不要, 자기의 소유물도 시효취득 인정
      but, 토지 일부분을 타인에게 매도하면서 매도 대상에서 제외된 나머지 특정부분을 계속 점유하는 경우: 취득시효 기초가 되는 점유라 할 수 없다.

      [판례] '적법, 유효한 등기' 마치고 소유권을 취득한 사람의 자기 소유의 부동산 점유는 취득시효 기초의 점유 ✕
      but, 소유권 변동 有: 취득시효의 점유가 개시된다고 볼 수 있다.
   ② 공유지분 일부에 대한 시효취득 可
      but, 공용부분은 취득시효 대상 不可

(2) 부동산소유권의 취득시효

> 제245조(점유로 인한 부동산소유권의 취득기간) ① 20년간 소유의 의사로 평온, 공연하게 부동산을 점유하는 자는 등기함으로써 그 소유권을 취득한다.

1) 점유취득시효
   ① 소유의 의사: 직접점유뿐만 아니라 간접점유도 인정
   ② 등기청구의 상대방: 시효완성 당시의 소유자 상대로
      ※ 시효완성 당시 소유권보존등기 또는 이전등기가 무효라면 상대방 될 수 ✕
      ⇨ 시효취득자는 소유자를 대위하여 무효등기의 말소를 구하고 위 소유자 상대로 이전등기를 구하여야 함

2) 점유취득시효의 5원칙
    ① 1원칙
        ㉠ 점유자는 원소유자에 대하여 등기 없이도 시효취득 주장하여 대항 可
        ㉡ 원소유자는 점유자에 소유권에 기한 권능 행사 不可
    ② 2원칙: 점유취득시효 기간 완성 전, 그 진행 중 소유자 변경된 경우 시효중단사유 될 수 ×
    ③ 3원칙: 점유자는 제3자에 대하여 취득시효완성 주장하여 대항 可
        but, 미등기매수인 또는 상속인 명의 보존등기는 소유자 변경에 해당하지 않으므로 등기명의인에게 취득시효 완성 주장 不可
        판례 신탁에서 제3자 해당 여부
            1. 명의신탁 해지된 경우: 명의신탁자는 취득시효 완성 후 소유권 취득한 자에 해당 ⇨ 취득시효 주장 不可
            2. 명의신탁한 경우: 제3자가 취득시효기간만료 당시 명의신탁 받은 경우라면 점유취득시효취득자는 종전 등기명의인을 대위하여 이를 해지하고 소유권이전등기 청구 可
            3. 신탁법상의 신탁의 경우 부동산이 제3자에게 처분되었다가 다시 별개의 계약에 의하여 동일한 수탁자 명의로 신탁등기 마친 경우 취득시효 완성 당시의 소유자인 수탁자에게 회복되는 결과가 되었더라도 수탁자는 취득시효 완성 후 새로운 이해관계인에 해당하므로 점유자는 그에 대하여 취득시효 완성 주장 不可
    ④ 4원칙: 점유자는 실제로 점유 거시 한 때를 점유취득시효 기산점으로 삼아야 한다. 기산점 임의 선택 不可
        but, 실소유자 변경이 없는 경우 취득시효완성 주장할 수 있는 시점에서 보아 소요기간이 경과된 사실만 확정되면 족하다.
    ⑤ 5원칙
        ㉠ 제3자 명의의 이전등기가 경료된 경우: 당초의 점유자가 계속 점유 + 소유자 변동된 시점을 기산점 삼아도 다시 취득시효의 점유기간 경과 = 점유자는 제3자 소유권 변동 시를 새로운 기산점으로 삼아 2차 취득시효 완성 주장 可
        ㉡ 2차 취득시효 개시되어 기간이 경과하기 전에 소유명의자가 다시 변경된 경우에도 마찬가지로 적용

3) 점유자와 소유자의 관계
    시효취득사실 알고 있는 등기명의자가 제3자에게 처분한 경우 불법행위 성립, 제3자가 적극 가담한 경우 무효
    but, 취득시효 완성된 후 점유자가 그 취득시효 주장 또는 이전등기청구 하기 전에는 제3자에게 처분하여도 불법행위 성립 및 채구불이행책임 ×

4) 시효완성자로부터 점유를 승계한 자의 법적 지위
    취득시효 완성 당시 점유자로부터 부동산을 매수한 자는 부동산 명의인에게 직접 소유권이전등기 청구 不可
        ⇨ 매도인의 명의인에 대한 소유권이전등기청구권 대위 행사 可

5) 대상청구권의 행사

취득시효 완성된 토지가 수용됨으로써 소유권이전등기의무가 이행불능 한 경우, 점유자는 대상청구권 행사하여 등기명의자가 지급받은 수용보상금 반환 청구 可
but, 이행불능 전 권리주장, 등기청구권을 행사하지 않았다면 대상청구권 행사 不可

6) 등기부취득시효

> 제245조(점유로 인한 부동산소유권의 취득기간) ② 부동산의 소유자로 등기한 자가 10년간 소유의 의사로 평온, 공연하게 선의이며 과실없이 그 부동산을 점유한 때에는 소유권을 취득한다.

① 선의, 무과실의 점유: 점유개시 시에만 선의 무과실이면 되고 전 시효기간 동안 계속되어야 하는 것 ×

② 적법, 유효한 등기를 마친 자일 것 ×
but, 보존등기가 이중으로 경료된 경우 뒤에 된 보존등기가 무효로 된 때에는 이를 근거로 등기부취득시효 완성 주장 不可

(3) 동산소유권의 취득시효

> 제246조(점유로 인한 동산소유권의 취득기간) ① 10년간 소유의 의사로 평온, 공연하게 동산을 점유한 자는 그 소유권을 취득한다.
> ② 전항의 점유가 선의이며 과실없이 개시된 경우에는 5년을 경과함으로써 그 소유권을 취득한다.

(4) 취득시효의 효과

> 제247조(소유권취득의 소급효, 중단사유) ① 전2조의 규정에 의한 소유권취득의 효력은 점유를 개시한 때에 소급한다.
> ② 소멸시효의 중단에 관한 규정은 전2조의 소유권취득기간에 준용한다.

① 취득시효의 소급효

> **판례** 진정한 권리자가 아니었던 채무자 또는 물상보증인이 채무담보 목적으로 채권자에게 부동산에 관하여 저당권설정등기 경료해 준 후 그 부동산을 시효취득하는 경우: 시효취득으로 저당권자의 권리 소멸 ×

② 취득시효의 중단, 정지: 부동산에 압류 또는 가압류 이루어져도 중단 사유 ×

③ 취득시효이익의 포기(제184조)

※ 취득시효 완성 후 그 사실을 모르고 토지에 관하여 어떠한 권리도 주장하지 않기로 하는 각서 작성 후 취득시효 주장은 신의칙에 반함

(5) 첨부(= 부합 + 혼화 + 가공)
   1) 부동산에의 부합

   > 제256조(부동산에의 부합) 부동산의 소유자는 그 부동산에 부합한 물건의 소유권을 취득한다. 그러나 타인의 권원에 의하여 부속된 것은 그러하지 아니하다.

   ① 제256조 단서의 권원의 의미: 지상권설정등기 경료되면 토지 사용, 수익권은 지상권자에게 有, 지상권 설정 토지소유자는 사용, 수익 不可 ⇨ 토지소유자로부터 토지 이용 권리 취득하였다 하더라도 지상권이 존속하는 한 - '권원'에 해당 ✕
   (예외) 저당권과 함께 지상권 설정하면서 채무자 등의 사용, 수익권을 배제하지 않은 경우: 토지소유자로부터 토지 이용 권리 취득하였다면 '권원'에 해당 ○
   ② 증·개축부분의 건물에의 부합: 증·개축 부분의 소유권은 임차인에게 귀속되려면 독립성을 갖추어야 한다. 이러한 법리는 건물의 신축의 경우에도 적용된다.

   2) 첨부의 효과

   > 제260조(첨부의 효과) ① 전4조의 규정에 의하여 동산의 소유권이 소멸한 때에는 그 동산을 목적으로 한 다른 권리도 소멸한다.
   > ② 동산의 소유자가 합성물, 혼화물 또는 가공물의 단독소유자가 된 때에는 전항의 권리는 합성물, 혼화물 또는 가공물에 존속하고 그 공유자가 된 때에는 그 지분에 존속한다.
   > 제261조(첨부로 인한 구상권) 전5조의 경우에 손해를 받은 자는 부당이득에 관한 규정에 의하여 보상을 청구할 수 있다.

   [판례] 보상청구가 인정되기 위해서는 제261조 요건 + 부당이득 요건이 모두 충족되었음이 인정되어야 한다.

3. 소유권에 기한 물권적 청구권

(1) 소유물반환청구권

> 제213조(소유물반환청구권) 소유자는 그 소유에 속한 물건을 점유한 자에 대하여 반환을 청구할 수 있다. 그러나 점유자가 그 물건을 점유할 권리가 있는 때에는 반환을 거부할 수 있다.

(2) 소유물방해제거청구권

> 제214조(소유물방해제거, 방해예방청구권) 소유자는 소유권을 방해하는 자에 대하여 방해의 제거를 청구할 수 있고 소유권을 방해할 염려 있는 행위를 하는 자에 대하여 그 예방이나 손해배상의 담보를 청구할 수 있다.

1) 요건
    ① 주체: 소유자
        판례 등기명의인이 허무인 도는 실체가 없는 단체인 경우 소유자는 실제 등기행위를 한 자에 대하여 등기말소 청구 可
    ② 방해: 현재 지속되고 있는 침해를 의미 ※ 현재 이미 종결된 경우에 해당하는 손해와 다르다.
        판례 토지에 소유권자가 매립에 동의하지 않은 쓰레기가 매립되어 있는 경우: 과거 위법한 매립공사로 인하여 생긴 결과로서 소유권자가 입은 손해에 해당한다 할 것일 뿐, 그 쓰레기가 침해를 지속하고 있다고 볼 수 없으므로 소유권에 기한 방해배제청구권행사 不可

2) 효과
    ① 건물의 소유자가 타인 소유의 토지를 점유하고 있는 경우: 토지 소유자는 건물 철거와 대지 인도 청구할 수 있을 뿐, 건물을 점유하고 있는 자에게 퇴거 청구 不可
    ② 방해가 일반적으로 수인할 정도를 넘어선다고 인정되는 한 소유권에 기하여 방해제거나 예방 청구 可

4. 공동소유

구분	공유	합유	총유
성질	인적 결합관계 없이 2인 이상이 소유하는 경우	다수인이 공동목적으로 결합하나 단체로서의 독립성을 갖추지 못한 경우	사원의 집합체로서 물건을 소유하는 비법인사단이 소유하는 경우
보존행위	각자 可 (제265조 단서)	각자 可 (제272조 단서)	비법인 사단 또는 구성원 전원이 당사자 될 것 要 ※ 구성원(대표자라 하여도)은 총회결의 거쳐도 당사자 되지 ×
이용·개량행위	과반수 지분으로 可 (제265조 본문)	계약에 의함	총회결의로만 可 (제275조 제2항)
사용·수익·부담행위	지분비율로 可 (제263조, 제266조)		각 사원이 정관 기타 규약에 좇아 可(제276조 제2항)
물건 처분·변경	전원 동의 要 (제264조)	전원 동의 要 (제272조 본문)	총회결의로 可 (제276조 제1항)
지분의 처분	자유로이 처분 可 (제263조 전단)	전원 동의 要 (제273조 제1항)	×

(1) 공유

> 제262조(물건의 공유) ① 물건이 지분에 의하여 수인의 소유로 된 때에는 공유로 한다.
> ② 공유자의 지분은 균등한 것으로 추정한다.

1) 상호명의신탁
① 구분소유자의 공유로 등기하는 것 구분소유적 공유 또는 상호명의신탁
② 공유 토지 위에 자신의 특정 사용 부분에 건물을 신축한 후 경매로 대지와 건물의 소유자가 달라진 경우: 경락 매수인은 그 대지에 관습상의 법정지상권을 취득, 특정 부분을 구분소유 하는 자는 상대에게 명의신탁해지를 원인으로 지분이전등기절차의 이행을 구할 수 있을 뿐 건물 전체의 공유물분할을 구할 수는 없다.
③ 특정 부분에 근저당권이 설정된 후 공유관계가 해소된 경우: 근저당권은 공유지분의 비율대로 토지 전부에 존속
    ※ 근저당권설정자의 단독소유로 분할된 토지에 당연히 집중되는 것 ×

2) 공유자 간의 법률관계
① 공유물의 사용, 수익

> 제263조(공유지분의 처분과 공유물의 사용, 수익) 공유자는 그 지분을 처분할 수 있고 공유물 전부를 지분의 비율로 사용, 수익할 수 있다.

다른 공유자들 사이에 합의 없이 공유자 중의 1인이 이를 배타적으로 점유, 사용하고 있다면 다른 공유자에 대하여는 그 지분에 상응하는 부당이득을 하고 있는 것이다.

② 공유물의 처분, 변경

> 제264조(공유물의 처분, 변경) 공유자는 다른 공유자의 동의 없이 공유물을 처분하거나 변경하지 못한다.

[판례] 다수지분권자라 하여 나대지에 새로이 건물을 건축하는 것은 '관리'의 범위를 넘는 것이다.

③ 공유물의 관리 보존

> 제265조(공유물의 관리, 보존) 공유물의 관리에 관한 사항은 공유자의 지분의 과반수로써 결정한다. 그러나 보존행위는 각자가 할 수 있다.

㉠ 공유물의 관리: 계약의 해제가 처분, 변경에 해당할 때에는 공유자 전원 동의 要
   (예외) 위토경작계약의 해제: 과반수 결의 要
㉡ 보존행위 취지: 보존행위가 긴급을 요하는 경우가 많고 다른 공유자에게도 이익이 되는 것이 보통이기 때문에

④ 공유물의 부담

> 제266조(공유물의 부담) ① 공유자는 그 지분의 비율로 공유물의 관리비용 기타 의무를 부담한다.
> ② 공유자가 1년 이상 전항의 의무이행을 지체한 때에는 다른 공유자는 상당한 가액으로 지분을 매수할 수 있다.

제2항: 지분매수청구권 ⇨ 일종의 형성권

⑤ 지분의 포기

> 제267조(지분포기 등의 경우의 귀속) 공유자가 그 지분을 포기하거나 상속인 없이 사망한 때에는 그 지분은 다른 공유자에게 각 지분의 비율로 귀속한다.

공유 지분의 포기는 상대방 있는 단독행위이므로, 공유지분 포기 의사표시가 다른 공유자에게 도달해도 곧바로 물권변동의 효력이 발생하는 것 ×
⇨ 제186조에 의하여 등기를 하여야 물권변동 효력 발생

3) 공유의 주장

① 지분의 이전 또는 말소등기청구　※ 전원이 동시 청구 ×

　㉠ 복수의 권리자가 가등기 마쳐 준 경우 자신의 지분에 관하여 단독으로 그 가등기에 기한 본등기 청구 可
　　but, 수인의 채권자를 공동매수인으로 1개의 매매예약을 체결하고 채권자 공동명의로 가등기를 마친 경우: 수인의 채권자가 매매예약완결권을 공동으로 가지는 관계인지 각자의 지분별로 별개로 가지는 관계인지 매매예약의 내용에 따라야 하고, 명시적으로 정하지 않은 경우에는 동기, 목적, 유무 등 종합적으로 고려하여 판단 要

　㉡ 피고 명의의 소유권보존등기 말소 구하려면 먼저 원고에게 말소 청구의 권원 있음을 적극 주장, 증명 要, 공유자 1인은 제3자에 대하여 등기 전부의 말소를 구할 수 있으나, 공유자가 "다른 공유자의 지분권을 대외적으로 주장하는 것"은 보존행위라 할 수 없다.

② 제3자 명의로 원인무효의 소유권이전등기가 경료되어 있는 경우: 공유자 1인은 제3자에게 등기 전부 말소 구할 수 있다.
but, 제3자가 공유자 중 1인인 경우: 그 공유자의 공유지분을 제외한 나머지 공유지분 전부에 관하여만 말소등기절차 이행을 구할 수 있다.

4) 공유물의 분할

① 분할의 제한

　㉠ 법률행위에 의한 제한(제268조)
　㉡ **법률규정에 의한 제한**: 적법하게 건축허가나 건축신고를 마친 건물이 사용승인을 받지 못한 경우 부동산 집행을 위한 보존등기 可
　　※ 건축허가나 미등기 건물에 대하여는 경매에 의한 공유물분할 허용 ×

② 분할의 방법(제269조)
  ㉠ 협의에 의한 분할
  ㉡ 재판에 의한 분할: 분할청구자의 지분 한도 안에서 현물분할을 하고 분할을 원하지 않는 나머지 공유자는 공유로 남게 하는 방법 可
    but, 분할청구자 지분의 일부에 대하여만 공유물 분할을 명하고 일부 지분에 대하여 분할하지 아니하는 등의 방법으로 공유관계 유지하는 것 不可
③ 분할의 효과
  ㉠ 지분의 이전
  ㉡ 분할효과의 불소급
    ⓐ 부동산의 경우: 협의분할 ⇨ 등기 시(제186조), 재판상 분할 ⇨ 판결확정 시(제187조)
    ⓑ 공유물분할: 소급 ×
      but, 공동상속재산의 분할: 소급효

(2) 합유(제271조)

1) 합유관계

> 제272조(합유물의 처분, 변경과 보존) 합유물을 처분 또는 변경함에는 합유자 전원의 동의가 있어야 한다. 그러나 보존행위는 각자가 할 수 있다.
> 제706조(사무집행의 방법) ② 조합의 업무집행은 조합원의 과반수로써 결정한다. 업무집행자 수인인 때에는 그 과반수로써 결정한다.

제706조 제2항이 제272조에 우선하여 적용된다.

2) 합유지분의 처분

> 제273조(합유지분의 처분과 합유물의 분할금지) ① 합유자는 전원의 동의 없이 합유물에 대한 지분을 처분하지 못한다.
> ② 합유자는 합유물의 분할을 청구하지 못한다.

(3) 총유(제275조)

1) 총유물의 관리, 처분 및 사용, 수익

> 제276조(총유물의 관리, 처분과 사용, 수익) ① 총유물의 관리 및 처분은 사원총회의 결의에 의한다.
> ② 각 사원은 정관 기타의 규약에 좇아 총유물을 사용, 수익할 수 있다.

판례 법인 아닌 사단 또는 구성원 전원이 당사자가 되어 필수적 공공소송의 형태 可
※ 사단의 구성원은 대표자라거나 사원총회 결의를 거쳤다 하더라도 보존행위 不可
⇨ 관리, 처분행위 ① 해당 ○: 타인 간의 금전채무 보증, 소멸시효 중단사유로서의 승인, 중개수수료 약정 체결, 설계용역계약 체결
          ② 해당 ×: 수용보상금 분배

5. 명의신탁

공부(등기, 등록)에 의하여 권리관계가 표시되는 재화에 한한다.
예) 명의신탁 - 可: 유선방송사업허가, 예금주 등
　　　　　　 - 不可: 동산

(1) 명의신탁

1) 신탁관계 종료를 이유로 이전등기절차의 이행 청구 可

   ⇨ 소유권에 기하여 행사하는 것으로 소멸시효 대상 되지 ×

   ① 이전등기청구권
      ㉠ 원칙: 채권적 청구권
      ㉡ 예외: 물권적 청구권 - 명의신탁 해지 원인으로 한 이전등기청구권
      　　　　　　　　　　　 - 진정명의 회복을 위한 이전등기청구권

   ② 이전등기말소청구권
      ㉠ 원칙: 물권적 청구권
      ㉡ 예외: 채권적 청구권 - 계약자 지위에서의 말소등기청구권
      　　　　예) 근저당권설정자인 종전의 소유자의 저당권말소등기청구권

2) 상호명의신탁(구분소유적 공유관계)
   ① 공유지분에 대한 입찰: 지분에 대한 평가가 아닌 특정 구분소유 목적물에 대한 평가하여야 한다.
   ② 해소: 명의신탁 해지를 원인으로 한 지분이전등기절차 이행구하여야 한다.
      ※ 공유물분할청구 不可

(2) 부동산 실권리자명의 등기에 관한 법률

1) 참조 조문
   ① 적용의 제외

   > 제2조(정의) 이 법에서 사용하는 용어의 뜻은 다음과 같다.
   > 1. "명의신탁약정"(名義信託約定)이란 부동산에 관한 소유권이나 그 밖의 물권(이하 "부동산에 관한 물권"이라 한다)을 보유한 자 또는 사실상 취득하거나 취득하려고 하는 자[이하 "실권리자"(實權利者)라 한다]가 타인과의 사이에서 대내적으로는 실권리자가 부동산에 관한 물권을 보유하거나 보유하기로 하고 그에 관한 등기(가등기를 포함한다. 이하 같다)는 그 타인의 명의로 하기로 하는 약정[위임·위탁매매의 형식에 의하거나 추인(追認)에 의한 경우를 포함한다]을 말한다. 다만, 다음 각 목의 경우는 제외한다.
   >   가. 채무의 변제를 담보하기 위하여 채권자가 부동산에 관한 물권을 이전(移轉)받거나 가등기하는 경우
   >   나. 부동산의 위치와 면적을 특정하여 2인 이상이 구분소유하기로 하는 약정을 하고 그 구분소유자의 공유로 등기하는 경우
   >   다. 신탁법 또는 자본시장과 금융투자업에 관한 법률에 따른 신탁재산인 사실을 등기한 경우

2. "명의신탁자"(名義信託者)란 명의신탁약정에 따라 자신의 부동산에 관한 물권을 타인의 명의로 등기하게 하는 실권리자를 말한다.
3. "명의수탁자"(名義受託者)란 명의신탁약정에 따라 실권리자의 부동산에 관한 물권을 자신의 명의로 등기하는 자를 말한다.
4. "실명등기"(實名登記)란 법률 제4944호 부동산 실권리자명의 등기에 관한 법률 시행 전에 명의신탁약정에 따라 명의수탁자의 명의로 등기된 부동산에 관한 물권을 법률 제4944호 부동산 실권리자명의 등기에 관한 법률 시행일 이후 명의신탁자의 명의로 등기하는 것을 말한다.

② 특례

제8조(종중, 배우자 및 종교단체에 대한 특례) 다음 각 호의 어느 하나에 해당하는 경우로서 조세포탈, 강제집행의 면탈(免脫) 또는 법령상 제한의 회피를 목적으로 하지 아니하는 경우에는 제4조부터 제7조까지 및 제12조제1항부터 제3항까지를 적용하지 아니한다.
1. 종중(宗中)이 보유한 부동산에 관한 물권을 종중(종중과 그 대표자를 같이 표시하여 등기한 경우를 포함한다) 외의 자의 명의로 등기한 경우
2. 배우자 명의로 부동산에 관한 물권을 등기한 경우
3. 종교단체의 명의로 그 산하 조직이 보유한 부동산에 관한 물권을 등기한 경우

2) 명의신탁의 효력

제4조(명의신탁약정의 효력) ① 명의신탁약정은 무효로 한다.
② 명의신탁약정에 따른 등기로 이루어진 부동산에 관한 물권변동은 무효로 한다. 다만, 부동산에 관한 물권을 취득하기 위한 계약에서 명의수탁자가 어느 한쪽 당사자가 되고 상대방 당사자는 명의신탁약정이 있다는 사실을 알지 못한 경우에는 그러하지 아니하다.
③ 제1항 및 제2항의 무효는 제3자에게 대항하지 못한다.

타인 명의의 등기가 마쳐졌다는 이유만으로 당연히 불법원인급여에 해당한다고 볼 수 없다.

[판례] 탈세의 목적으로 한 명의신탁약정에 기하여 타인 명의의 등기가 마쳐진 경우라도 마찬가지이다. 이는 농지법에 따른 제한을 회피하고자 명의신탁을 한 경우에도 마찬가지이다.

① 2자간 명의신탁

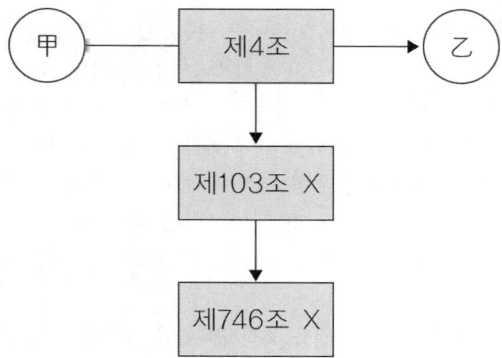

② 3자간 명의신탁(= 중간생략형)

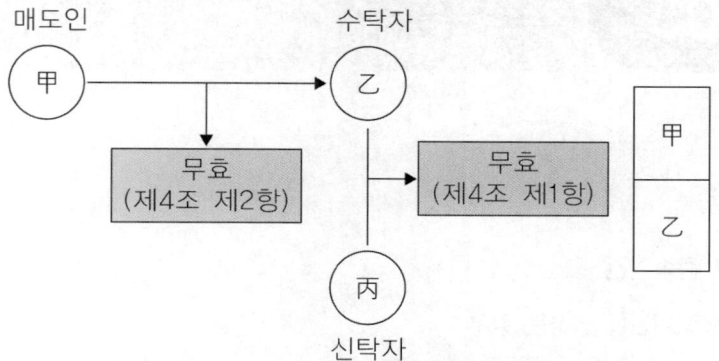

丙은 소유권 가지기 위해 甲이 乙에게 가지고 있는 이전등기말소 청구를 대위해서 甲 소유권으로 복귀 후 甲에게 이전등기 청구 要

※ 丙 - 불법행위에 기한 손해배상 청구 不可

예) 丁에게 매매된 경우: 丙은 乙에게 부당이득 청구 可

③ 계약형 명의신탁

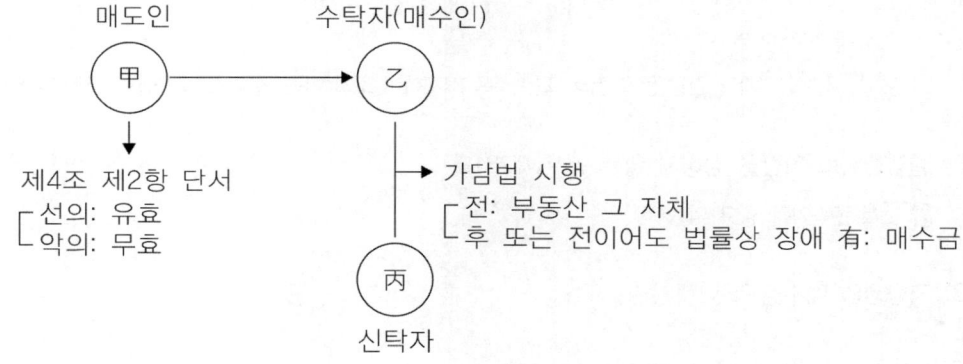

03 용익물권

1 지상권

1. 지상권의 존속기간

(1) 설정행위로 기간을 정하는 경우

> 제280조(존속기간을 약정한 지상권) ① 계약으로 지상권의 존속기간을 정하는 경우에는 그 기간은 다음 연한보다 단축하지 못한다.
> 1. 석조, 석회조, 연와조 또는 이와 유사한 견고한 건물이나 수목의 소유를 목적으로 하는 때에는 30년
> 2. 전호 이외의 건물의 소유를 목적으로 하는 때에는 15년
> 3. 건물 이외의 공작물의 소유를 목적으로 하는 때에는 5년
> ② 전항의 기간보다 단축한 기간을 정한 때에는 전항의 기간까지 연장한다.

① 소유를 목적으로 하는 때
  - **판례** 지상권자가 건물 등을 건축 또는 수목 식재하여 토지 이용 목적으로 지상권 설정한 경우에만 적용 ○

(2) 설정행위로 기간을 정하지 않는 경우(제281조)
  - **판례** 존속기간 영구 약정 可

(3) 지상권의 매수청구권: 형성권

2. 지상권의 효력

(1) 지상권의 처분

> 제282조(지상권의 양도, 임대) 지상권자는 타인에게 그 권리를 양도하거나 그 권리의 존속기간 내에서 그 토지를 임대할 수 있다.

① 지상권자는 지상권설정자의 동의 없이 타인에게 권리 양도 또는 임대 可
  ⇨ 양도 또는 임대를 금지 특약 하더라도 그 특약은 무효
② 지상물 양도 시 지상권도 이전하는지?: 지상권 이전 등기를 하지 않고 양도 효력 생기지 ×
  ⇨ 지상권자는 지상권 유보한 채 지상물 소유권만을 양도 可, 반대로 이와 같다.

(2) 지상권소멸청구권

> 제287조(지상권소멸청구권) 지상권자가 2년 이상의 지료를 지급하지 아니한 때에는 지상권설정자는 지상권의 소멸을 청구할 수 있다.

지상권자의 지료 지급 연체가 토지소유권의 양도 전후에 걸쳐 이루어진 경우 토지양수인에 대한 연체기간이 2년이 되지 않는다면 양수인은 지상권소멸청구를 할 수 있다.

3. 법정지상권

> 제366조(법정지상권) 저당물의 경매로 인하여 토지와 그 지상건물이 다른 소유자에 속한 경우에는 토지소유자는 건물소유자에 대하여 지상권을 설정한 것으로 본다. 그러나 지료는 당사자의 청구에 의하여 법원이 이를 정한다.

제366조 적용 배제하는 당사자의 특약은 무효
※ 관습법상 법정지상권 배제 특약: 유효

(1) 요건

1) 저당권설정 당시 건물의 존재

건물이 없는 토지에 저당권을 설정하고 그 후에 건물을 지은 때에는 그 건물을 위한 법정지상권 성립 부정, 양해를 얻어서 건물을 건축하였더라도 이와 같다.

① 무허가 건물이나 미등기 건물의 경우: 법정지상권 인정
② 저당권설정 당시의 건물을 그 후 개축, 증축 또는 독립된 건물이 아니더라도 외형상 예상할 수 있는 정도까지 진전되어 있는 경우: 증, 개축한 건물 사이에 동일성 인정 법정지상권 성립
③ 건물이 멸실되거나 철거된 뒤 재건축하는 경우: 구 건물을 기준으로 인정
④ 토지와 건물에 공동저당권 설정된 후 건물이 철거되고 건물이 신축된 경우: 법정지상권 부정
⑤ 판례 1. 공동저당권과 법정지상권, 합동건물에 대한 저당권의 존속여부: 경매대상 건물이 인접한 다른 건물과 합동됨으로 인하여 독립성을 상실 ⇨ 경매대상 건물에 대한 채권자의 저당권은 합동으로 인하여 생겨난 새로운 건물 중 경매대상이 차지하는 비율에 상응하는 공유 지분 위에 존속
2. 토지공유자와 법정지상권, 공동저당권과 법정지상권: 다른 공유자의 지분 과반수의 동의를 얻어 건물 건축한 후 토지와 건물의 소유자가 달라진 경우 법정지상권 부정

2) 저당권설정 당시의 소유자의 동일성

① 미등기건물을 대지와 일괄하여 함께 매수
but, 대지에 관하여만 소유권이전등기를 넘겨받고 대지에 대하여 설정된 저당권 실행된 경우: 법정지상권 부정

② 구분소유적 공유관계에 있는 토지의 공유자들이 내부적으로 각자의 소유로 생각하는 특정지역 위에 각자 별개의 건물을 신축하여 소유하면서 그 토지 전체에 대하여 저당권을 설정하였다가 저당권 실행으로 토지와 건물의 소유자가 다르게 된 경우: 법정지상권 성립

판례 건물공유자의 1인이 토지를 단독으로 소유하면서 토지에 관하여만 저당권을 설정하였다가 저당권에 의한 경매로 인하여 토지의 소유자가 달라진 경우: 건물 공유자들은 토지 전부에 관하여 법정지상권 성립

(2) 성립시기와 등기

① 성립시기: 경매 ⇨ 매수인이 매각대금을 완납할 때 법정지상권 성립(민집법 제135조)
② 등기: 법정지상권부 건물을 매수한 전득자는 원소유자 대위하여 토지소유자에게 지상권설정등기 이행 청구 可
토지소유권자는 등기 없는 전득자에 대하여 건물 철거 주장 不可
but, 건물소유자에 대한 토지소유자의 부당이득반환 청구 可

04 담보물권

1 유치권

제320조(유치권의 내용) ① 타인의 물건 또는 유가증권을 점유한 자는 그 물건이나 유가증권에 관하여 생긴 채권이 변제기에 있는 경우에는 변제를 받을 때까지 그 물건 또는 유가증권을 유치할 권리가 있다.
② 전항의 규정은 그 점유가 불법행위로 인한 경우에 적용하지 아니한다.

1. 유치권의 성립

(1) 채권과 목적물과의 견련관계
① 채권이 유치권의 목적물에 관하여 생긴 것일 것 要
② 상사유치권의 경우: 견련성 不要

(2) 타인의 물건 또는 유가증권의 점유
① 점유의 계속: 직접점유, 간접점유 불문
but, 직접점유자가 채무자인 경우에는 점유에 해당 ×
② 적법한 점유
㉠ 건물의 존재와 점유가 토지소유자에게 불법행위가 되고 있다면 그 유치권으로 토지소유자에게 대항 不可
㉡ 증명책임: 점유자 선의, 평온, 공연 점유 추정
⇨ 점유가 불법행위에 의한 것이라는 것을 목적물 반환 청구하는 소유자가 증명 要
㉢ 타인의 소유: 채무자뿐 아니라 제3자도 포함
③ 유치권발생금지특약이 없을 것: 유치권 배제 특약 있는 경우 다른 법정요건 충족되더라도 유치권은 발생하지 않는데, 특약에 따른 효력은 상대방뿐 아니라 그 밖의 사람도 주장 可

2. 유치권의 효력

(1) 유치권자의 권리

1) 유치권의 불가분성

제321조(유치권의 불가분성) 유치권자는 채권 전부의 변제를 받을 때까지 유치물 전부에 대하여 그 권리를 행사할 수 있다.

① 유치물은 각 부분으로써 피담보채권의 전부를 담보
  ㉠ 유치권자로부터 유치물의 점유 내지 보관을 위탁받은 자는 특별한 사정이 없는 한 점유할 권리가 있음을 들어 소유자의 소유물반환청구를 거부 可
    판례 수급인이 공사 완성하여도, 신축된 건물에 하자가 있고 그 하자 및 손해에 상응하는 금액이 공사대금액 이상이어서, 도급인이 수급인에게 공사잔대금 채권 전부에 대하여 동시이행의 항변 한 경우 수급인은 손해배상의무 등에 관한 이행의 제공을 하지 아니한 이상 공사잔대금 채권에 기한 유치권 행사 不可
② 효력
  ㉠ 유치권 성립 이전에 설정된 근저당권에 기하여 경매절차가 이루어진 경우: 유치권으로 대항 可
  ㉡ 가압류 이후에 채무자의 점유이전으로 유치권이 성립한 경우: 경매절차로 인하여 유치권 소멸 ×
    but, 경매개시결정의 기입등기가 되어 압류의 효력이 발생 후 유치권 성립: 유치권으로 경매절차의 매수인에게 대항 不可
    판례 체납처분압류가 되어 있는 부동산이라고 하더라도 경매개시결정등기 되기 전에 유치권을 취득한 유치권자는 경매절차의 매수인에게 유치권 행사 可
③ 민사유치권과 상사유치권의 분리: 상사유치권자는 선행저당권자 또는 선행저당권에 기한 임의경매절차에서 부동산 취득한 매수인에 대한 관계에서는 상사유치권으로 대항 不可

2) 과실수취권

> 제322조(경매, 간이변제충당) ① 유치권자는 채권의 변제를 받기 위하여 유치물을 경매할 수 있다.
> ② 정당한 이유 있는 때에는 유치권자는 감정인의 평가에 의하여 유치물로 직접 변제에 충당할 것을 법원에 청구할 수 있다. 이 경우에는 유치권자는 미리 채무자에게 통지하여야 한다.

3) 비용상환청구권

> 제325조(유치권자의 상환청구권) ① 유치권자가 유치물에 관하여 필요비를 지출한 때에는 소유자에게 그 상환을 청구할 수 있다.
> ② 유치권자가 유치물에 관하여 유익비를 지출한 때에는 그 가액의 증가가 현존한 경우에 한하여 소유자의 선택에 좇아 그 지출한 금액이나 증가액의 상환을 청구할 수 있다. 그러나 법원은 소유자의 청구에 의하여 상당한 상환기간을 허여할 수 있다.

(2) 유치권자의 의무(제324조)

건물에 유치권을 가진 피고가 그 건물 일부를 타인에게 대여하여 사용케 한 것은 보존에 필요한 사용행위이다.

(3) 유치권의 소멸

1) 일반적 소멸사유

> 제326조(피담보채권의 소멸시효) 유치권의 행사는 채권의 소멸시효의 진행에 영향을 미치지 아니한다.

2) 유치권에 특유한 소멸사유

> 제327조(타담보제공과 유치권소멸) 채무자는 상당한 담보를 제공하고 유치권의 소멸을 청구할 수 있다.

2 질권

> 제329조(동산질권의 내용) 동산질권자는 채권의 담보로 채무자 또는 제삼자가 제공한 동산을 점유하고 그 동산에 대하여 다른 채권자보다 자기채권의 우선변제를 받을 권리가 있다.

1. 동산질권

(1) 동산질권의 성립

1) 질권설정계약
   ① 당사자
      ㉠ 질권자: 피담보채권의 채권자에 한함
      ㉡ 질권설정자: 피담보채권의 채무자인 것이 원칙이나 제3자도 가능
   ② 동산질권의 선의취득: 취득자의 선의, 무과실은 동산질권자가 입증 要

2) 동산질권 설정할 수 있는 채권
   ① 질권에 의하여 담보되는 채권이면 아무 제한이 없다.
   ② 근질권의 피담보채권 확정시기: 근질권이 설정된 금전채권에 대하여 제3자의 압류로 강제집행절차가 개시된 경우 피담보채권은 근질권자가 강제집행이 개시된 사실을 알게 된 때 확정

(2) 동산질권의 효력

1) 동산질권의 효력이 미치는 범위
   ① 물상대위

   > 제342조(물상대위) 질권은 질물의 멸실, 훼손 또는 공용징수로 인하여 질권설정자가 받을 금전 기타 물건에 대하여도 이를 행사할 수 있다. 이 경우에는 그 지급 또는 인도 전에 압류하여야 한다.

      ㉠ 제3채권자가 압류하여 그 금전 또는 물건이 특정된 이상 저당권자가 스스로 이를 압류하지 않더라도 일반 채권자보다 우선변제를 받을 수 있다. 압류가 아니더라도 공탁을 통해서 특정성이 유지된다면 물상대위 可
      ㉡ 배당요구 종기까지 물상대위권을 행사하지 않아, 우선변제권을 상실한 저당권자는 부당이득반환 청구 不可

② 피담보채권의 범위

> 제334조(피담보채권의 범위) 질권은 원본, 이자, 위약금, 질권실행의 비용, <u>질물보존의 비용</u> 및 채무불이행 또는 <u>질물의 하자로 인한 손해배상의 채권</u>을 담보한다. 그러나 다른 약정이 있는 때에는 그 약정에 의한다.
>
> 제360조(피담보채권의 범위) 저당권은 원본, 이자, 위약금, 채무불이행으로 인한 손해배상 및 저당권의 실행비용을 담보한다. 그러나 지연배상에 대하여는 원본의 이행기일을 경과한 후의 1년분에 한하여 저당권을 행사할 수 있다.

③ 유질계약의 금지

> 제339조(유질계약의 금지) 질권설정자는 <u>채무변제기 전의 계약</u>으로 질권자에게 변제에 갈음하여 질물의 소유권을 취득하게 하거나 법률에 정한 방법에 의하지 아니하고 질물을 처분할 것을 약정하지 못한다.

2. 채권질권(제345조, 제346조)

(1) 채권질권의 설정

1) 성립

> 제347조(설정계약의 요물성) 채권을 질권의 목적으로 하는 경우에 채권증서가 있는 때에는 질권의 설정은 그 증서를 질권자에게 <u>교부함</u>으로써 그 효력이 생긴다.

임대차계약서와 같이 계약 당사자 쌍방의 권리의무관계의 내용을 정한 서면은 채권증서에 해당하지 ×

2) 설정

> 제348조(저당채권에 대한 질권과 부기등기) 저당권으로 담보한 채권을 질권의 목적으로 한 때에는 그 저당권등기에 질권의 부기등기를 하여야 그 효력이 저당권에 미친다.

(2) 채권질권의 효력

1) 질권설정자의 권리처분제한

> 제352조(질권설정자의 권리처분제한) 질권설정자는 질권자의 동의 없이 질권의 목적된 권리를 소멸하게 하거나 질권자의 이익을 해하는 변경을 할 수 없다.

질권의 목적인 채권의 양도행위는 질권자의 이익을 해하는 변경에 해당하지 않으므로 질권자 동의 不要

2) 채권자의 실행방법

> 제353조(질권의 목적이 된 채권의 실행방법) ① 질권자는 질권의 목적이 된 채권을 직접 청구할 수 있다.
> ② 채권의 목적물이 금전인 때에는 질권자는 자기채권의 한도에서 직접 청구할 수 있다.
> ③ 전항의 채권의 변제기가 질권자의 채권의 변제기보다 먼저 도래한 때에는 질권자는 제삼채무자에 대하여 그 변제금액의 공탁을 청구할 수 있다. 이 경우에 질권은 그 공탁금에 존재한다.
> ④ 채권의 목적물이 금전 이외의 물건인 때에는 질권자는 그 변제를 받은 물건에 대하여 질권을 행사할 수 있다.

3 저당권

> 제356조(저당권의 내용) 저당권자는 채무자 또는 제삼자가 점유를 이전하지 아니하고 채무의 담보로 제공한 부동산에 대하여 다른 채권자보다 자기채권의 우선변제를 받을 권리가 있다.

1. 저당권의 성립

(1) 저당권설정계약의 당사자

저당권에 있어서 저당권자는 채권자일 것
but, 제3자를 근저당권 명의인으로 하는 근저당권을 설정하는 경우: 채권자와 채무자 및 제3자 사이에 합의 + 채권이 제3자에게 실질적으로 귀속되는 경우에는 유효

(2) 저당권의 설정등기 비용

채무자 부담

(3) 저당권의 목적물

1) 민법상 저당권의 객체

> 제371조(지상권, 전세권을 목적으로 하는 저당권) ① 본장의 규정은 지상권 또는 전세권을 저당권의 목적으로 한 경우에 준용한다.
> ② 지상권 또는 전세권을 목적으로 저당권을 설정한 자는 저당권자의 동의 없이 지상권 또는 전세권을 소멸하게 하는 행위를 하지 못한다.

2) 1필의 토지의 일부, 1동의 건물의 일부

토지, 건물 일부에 관하여 저당권 설정 不可
but, 공유자의 1지분을 목적으로 하는 저당권 可

(4) 피담보채권

1) 저당권의 피담보채권에 대한 부종성

① 채권의 무효, 취소: 저당권도 효력 발생 ×

② 장래의 채권: 저당권 실행 당시 채권과 저당권이 함께 존재하면 장래에 발생할 채권 위해서 저당권 설정 可

2) 피담보채권과 저당권설정등기청구권의 관계

저당권설정등기청구권의 소의 제기가 있는 경우 피담보채권이 될 채권에 관한 권리행사로 볼 수 있어, 피담보채권의 소멸시효 중단하는 효력 갖는다.

2. 저당권의 효력

(1) 저당권의 효력이 미치는 범위

1) 피담보채권의 범위

> 제334조(피담보채권의 범위) 질권은 원본, 이자, 위약금, 질권실행의 비용, 질물보존의 비용 및 채무불이행 또는 질물의 하자로 인한 손해배상의 채권을 담보한다. 그러나 다른 약정이 있는 때에는 그 약정에 의한다.
>
> 제360조(피담보채권의 범위) 저당권은 원본, 이자, 위약금, 채무불이행으로 인한 손해배상 및 저당권의 실행비용을 담보한다. 그러나 지연배상에 대하여는 원본의 이행기일을 경과한 후의 1년분에 한하여 저당권을 행사할 수 있다.

① 이자: 저당권에 의하여 무제한으로 담보되고, 저당부동산의 매매대금으로부터 우선변제를 받을 수 있다.

② 손해배상청구권: '1년분에 한하여' 규정하고 있는 것은 저당권자의 제3자에 대한 관계에서의 제한이다.

2) 목적물의 범위

> 제358조(저당권의 효력의 범위) 저당권의 효력은 저당부동산에 부합된 물건과 종물에 미친다. 그러나 법률에 특별한 규정 또는 설정행위에 다른 약정이 있으면 그러하지 아니하다.

3) 판례 - 전세권저당권자와 물상대위, 상계

전세금반환채권이 압류된 때 전세권설정자가 전세권자에 대하여 반대채권을 가지고 있고 상계 적상에 있어도 전세권설정자는 전세권저당권자에게 상계로 대항 不可

(예외) 전세권 성립하였을 때부터 이미 발생 예정 + 반대채권의 변제기가 장래 발생 전세금반환채권 보다 동시 또는 먼저 도래하는 경우: 전세권설정자는 전세금반환채권과 상계함으로 전세권저당권자에게 대항 可

(2) 담보권실행경매에 의한 저당권실행(제363조)

1) 경매절차

① 피담보채권을 저당권과 함께 양수한 자는 저당권이전의 부기등기를 마치고 저당권실행의 요건을 갖추고 있는 한 채권양도의 대항요건을 갖추고 있지 않아도 경매신청 可
이 경우, 채무자는 채권양도의 대항요건을 갖추지 못했다는 사유를 들어 경매개시결정에 대한 이의나 즉시 항고절차에서 다툴 수 있다.

② 경매개시결정 있는 경우: 그 부동산의 압류를 명해야 한다.

2) 매각의 효과 - 매수인의 권리취득

매각허가결정에 의하여 매수인은 매각대금을 완납할 때 등기 없이 저당목적물에 대한 권리 취득

(3) 저당권과 용익관계

1) 저당토지 위의 건물에 대한 일괄경매권(제365조)

① 저당권설정 당시에 지상에 건물이 없을 것

② 저당권설정자가 축조하고 소유하는 건물일 것: 저당권설정 후 저당권설정자가 이외의 제3자가 건물을 축조하고 소유한 경우 일괄경매청구권 성립 ×
but, 용익권을 설정 받은 자가 그 토지에 건물을 축조한 경우라도 그 후 저당권설정자가 그 건물의 소유권을 취득한 경우 저당권자는 토지와 함께 그 건물에 대하여 경매 청구 可

2) 제3취득자의 지위

> 제364조(제삼취득자의 변제) 저당부동산에 대하여 소유권, 지상권 또는 전세권을 취득한 제삼자는 저당권자에게 그 부동산으로 담보된 채권을 변제하고 저당권의 소멸을 청구할 수 있다.

(4) 저당권의 침해에 대한 구제

1) 손해배상청구권

① 불법행위에 의한 손해배상청구: 근저당권설정등기가 불법행위로 인하여 원인 없이 말소되었다 하더라도 곧바로 근저당권 상실의 손해를 입게 된다고 할 수는 없다.

② 담보물보충청구권과 즉시변제청구권과의 관계: 선택적 행사의 대상이고, 즉시변제청구권과는 함께 행사할 수 있다.

2) 채무자에 대한 특별효과

① 담보물보충청구권

> 제362조(저당물의 보충) 저당권설정자의 책임있는 사유로 인하여 저당물의 가액이 현저히 감소된 때에는 저당권자는 저당권설정자에 대하여 그 원상회복 또는 상당한 담보제공을 청구할 수 있다.

② 즉시변제청구권(제388조)

3. 저당권의 처분 및 소멸

1) 저당권의 처분

> 제361조(저당권의 처분제한) 저당권은 그 담보한 채권과 분리하여 타인에게 양도하거나 다른 채권의 담보로 하지 못한다.

근저당권의 이전원인만이 무효되거나 취소 또는 해제된 경우 부기등기의 말소를 소구할 필요가 있으므로 예외적으로 소의 이익 有

2) 저당권의 소멸(제369조)

> 제369조(부종성) 저당권으로 담보한 채권이 시효의 완성 기타 사유로 인하여 소멸한 때에는 저당권도 소멸한다.

4. 특수저당권

(1) 공동저당(제368조)

1) 채무를 변제하거나 담보권 실행으로 소유권 잃은 경우
   ① 물상보증인: 제3자에 대하여 구상권 범위 내에서 출재한 전액에 관하여 채권자 대위 可
   ② 채무자로부터 담보부동산을 취득한 제3자: 물상보증인에 대하여 채권자 대위 不可

2) 후순위저당권자의 관계
   ① 채무자와 물상보증인의 부동산 위어 각각 1번 저당권을 가진 자에 의해 채무자의 부동산이 경매 실행된 경우: 2번 저당권 가진 자는 물상보증인의 부동산에 대하여 공동저당권자 대위하여 그 저당권 실행 不可
   ② 판례: 변제자대위의 효과로 채권자가 가지고 있던 채권 및 그 담보에 관한 권리가 법률상 당연히 변제자에게 이전하는 경우에도 미리 저당권 등에 대위의 부기등기 안 하면 제3취득자에 대하여 채권자를 대위 不可

3) 물상보증인 또는 제3취득자와의 관계
   ① 수 개의 부동산 중 일부는 채무자의 소유이고 다른 일부는 물상보증인의 소유인 경우: 물상보증인이 채무자 소유의 부동산에 관한 피담보채권액은 공동저당권의 피담보채권액 전액으로 봄
   ② 물상보증인의 부동산에 대하여 먼저 경매가 실행된 경우: 채무자에 대하여 구상권 취득함과 동시에 채무자 소유의 부동산에 대한 1번 저당권 취득
   ⇨ 채무자는 물상보증인에 대한 반대채권이 상계함으로써 후순위저당권자에게 대항 不可

(2) 근저당(제357조) - 담보되는 채권의 확정

1) 근저당권자가 경매를 신청하는 때
2) 제3자가 경매신청한 경우에는 매수인이 매각대금을 완납한 때
   ⇨ 근저당권의 존속기간 약정이 없는 때에는 당사자는 기본계약 또는 설정계약은 언제든지 해지 可 but, 확정 전에 발생한 원본채권에 관하여 확정 후에 발생하는 이자나 지연손해금 채권은 채권최고액의 범위 내에서 근저당권에 의하여 여전히 담보된다.

# 비전형담보물권

1. 가등기담보 등에 관한 법률

(1) 적용범위 - 소비대차 내지 준소비대차계약

차용물 반환에 관하여 다른 재산권을 이전할 것을 예약한 경우에만 적용되고, 매매잔대금 지급과 관련하여 다른 재산권을 이전 약정한 경우에는 적용 ×

(2) 재산의 예약 당시의 가액이 차용액 및 이에 붙인 이자의 합산액을 초과하는 경우에 적용

※ 재산권 이전의 예약 당시 재산에 대하여 선순위 근저당권이 설정되어 있는 경우: 재산의 가액에서 피담보채무액을 공제한 나머지 가액이 차용액 및 이에 붙인 이자의 합산액을 초과하는 경우에만 적용

2. 가등기담보권(권리취득에 의한 사적 실행)

(1) 실행통지(가담법)

> 제3조(담보권 실행의 통지와 청산기간) ① 채권자가 담보계약에 따른 담보권을 실행하여 그 담보목적부동산의 소유권을 취득하기 위하여는 그 채권의 변제기 후에 제4조의 청산금의 평가액을 채무자등에게 통지하고, 그 통지가 채무자등에게 도달한 날부터 2개월(이하 "청산기간"이라 한다)이 지나야 한다. 이 경우 청산금이 없다고 인정되는 경우에는 그 뜻을 통지하여야 한다.
> ② 제1항에 따른 통지에는 통지 당시의 담보목적부동산의 평가액과 민법 제360조에 규정된 채권액을 밝혀야 한다. 이 경우 부동산이 둘 이상인 경우에는 각 부동산의 소유권이전에 의하여 소멸시키려는 채권과 그 비용을 밝혀야 한다.

채권자는 주관적으로 평가한 청산금의 평가액을 통지하면 족하고, 채권자가 주관적으로 평가한 청산금의 액수가 정당하게 평가된 청산금의 액수에 미치지 못하더라도 담보권 실행 통지의 효력에 영향 없다.

(2) 본등기에 의한 소유권취득(제4조, 제11조)

> 제11조(채무자등의 말소청구권) 채무자등은 청산금채권을 변제받을 때까지 그 채무액(반환할 때까지의 이자와 손해금을 포함한다)을 채권자에게 지급하고 그 채권담보의 목적으로 마친 소유권이전등기의 말소를 청구할 수 있다. 다만, 그 채무의 변제기가 지난 때부터 10년이 지나거나 선의의 제3자가 소유권을 취득한 경우에는 그러하지 아니하다.

가등기담보 등에 관한 법률 제11조의 내용과 제척기간 제도의 본질에 비추어 보면, 채무자 등이 위 제척기간이 경과하기 전에 피담보채무를 변제하지 아니한 채 또는 변제를 조건으로 담보목적으로 마친 소유권이전등기의 말소를 청구하더라도 이를 제척기간 준수에 필요한 권리의 행사에 해당한다고 볼 수 없으므로, 채무자 등의 위 말소청구권은 제척기간의 경과로 확정적으로 소멸한다. 이러한 법리는 채무자 등이 피담보채무를 변제하지 아니한 채 또는 변제를 조건으로 위 소유권이전등기의 말소등기를 청구하는 소를 제기한 경우에도 마찬가지로 적용된다.

3. 양도담보(신탁적 소유권이전설)

(1) 동산양도담보

1) 동산에 관하여 점유개정의 방법으로 인도받았다면 청산절차를 마치기 전이라 하더라도 소유권을 주장하여 제3자이의의 소를 제기함으로써 위 동산에 대한 강제집행의 배제를 구할 수 있다.

2) 양도담보 관련 판례
   ① 부동산양도담보에 있어 목적부동산의 사용수익권자(=양도담보설정자): 법인 아닌 사단인 교회가 성립하기 전의 단계에서 설립중의 회사의 법리를 유추적용 할 수 없다.
   ② 양도담보와 물상대위: 양도담보 설정 후 취득한 양도담보 설정자에 대한 별개의 채권을 가지고 상계로써 양도담보권자에게 대항할 수 없다.

(2) 소유권유보부매매(정지조건부 소유권이권설 判)

매도인은 대금이 모두 지급될 때까지 매수인뿐만 아니라 제3자에 대하여도 유보된 목적물의 소유권 주장 可

but, 대금이 모두 지급되었을 때에는 별도의 의사표시 없이 목적물의 소유권이 매수인에게 이전된다.

MEMO

MEMO

김춘환

약력
- 부산대학교 법과대학 사법학과 졸업(법학사)
- 부산대학교 일반대학원 법학과 석사과정(민사법 전공) 수료
- 중앙대학교 일반대학원 법학과 박사과정(민사법 전공, Ph.D.) 수료

- 현 | 해커스 감정평가사 민법 교수
- 현 | 해커스노무사 민법, 민사소송법 강의
- 현 | 한국법제연구원 법령번역센터 전문가 과정 강사(민법, 민사소송법)
- 현 | 차세대콘텐츠재산학회 이사(회장 김인철 상명대학교 지적재산학과 교수)
- 현 | 중앙법학회 이사
- 현 | 단국대학교 법과대학, 인천대학교 법학과 공무원 특강 강사
- 현 | ㈜윌비스 나무경영아카데미 민법 전임교수
- 현 | ㈜변리사스쿨 민법, 민사소송법 전문교수
- 현 | 공단기 법원직 민사소송법 대표 강사
- 전 | 月刊 考試界 기획위원
- 전 | 국가평생교육진흥원 학점은행 교강사(민법, 민사소송법)
- 전 | 중앙대학교 법학전문대학원 민사소송법 특강 강사
- 전 | 광운대학교 법과대학, 성신여대 법학과, 덕성여대 법학과 공무원 특강 강사
- 전 | ㈜윌비스 한림법학원 공인노무사 민법, 민사소송법 전임교수

저서
- 해커스 감정평가사 김춘환 민법 1차 기본서
- 해커스 감정평가사 김춘환 민법 1차 기출+예상문제집
- 해커스 감정평가사 김춘환 민법 1차 핵심요약집
- 해커스노무사 김춘환 민법 기본서
- 해커스노무사 김춘환 민법 객관식 기출문제집
- 해커스노무사 김춘환 민사소송법 기본서
- 해커스노무사 김춘환 민사소송법 사례연습
- FORTUNE 민법, 학연
- FORTUNE 객관식 민법의 종결, 학연
- FORTUNE 민법 중요지문 OX, 학연
- FORTUNE 공인노무사 민법, 학연
- 세무사 민법, 윌비스
- 세무사 객관식 민법, 윌비스
- FORTUNE 민사소송법 암기장, 학연
- FORTUNE 김춘환 민사소송법, ACL
- FORTUNE 김춘환 민사소송법의 종결, ACL
- FORTUNE 김춘환 민사소송법 중요지문 OX, ACL
- FORTUNE 슬림한 민사소송법 조문집, 학연
- THEME 민사소송법 핵심암기장, 윌비스

2026 최신판

해커스 감정평가사 김춘환 민법 1차 핵심요약집

초판 1쇄 발행 2026년 1월 2일

지은이	김춘환 편저
펴낸곳	해커스패스
펴낸이	해커스 감정평가사 출판팀
주소	서울특별시 강남구 강남대로 428 해커스 감정평가사
고객센터	1588-2332
교재 관련 문의	publishing@hackers.com
	해커스 감정평가사 사이트(ca.Hackers.com) 1:1 고객센터
학원 강의 및 동영상강의	ca.Hackers.com
ISBN	979-11-7404-713-7 (13360)
Serial Number	01-01-01

저작권자 ⓒ 2026, 김춘환
이 책의 모든 내용, 이미지, 디자인, 편집 형태는 저작권법에 의해 보호받고 있습니다. 서면에 의한 저자와 출판사의 허락 없이 내용의 일부 혹은 전부를 인용, 발췌하거나 복제, 배포할 수 없습니다.

한 번에 합격!
해커스 감정평가사 ca.Hackers.com

해커스 감정평가사

- 김춘환 선생님의 **본 교재 인강**(교재 내 할인쿠폰 수록)
- 해커스 스타강사의 **감정평가사 무료 특강**